龙港设市与区域高质量发展

林敬佑 著

 中国商业出版社

图书在版编目（CIP）数据

龙港设市与区域高质量发展 / 林敬佑著 . -- 北京：中国商业出版社, 2020.9

ISBN 978-7-5208-1232-0

Ⅰ . ①龙… Ⅱ . ①林… Ⅲ . ①区域经济发展—研究—温州 Ⅳ . ① F127.553

中国版本图书馆 CIP 数据核字（2020）第 159058 号

责任编辑：陈　皓　常　松

中国商业出版社出版发行
010-63180647　www.c-cbook.com
（100053　北京广安门内报国寺 1 号）
新华书店经销
浙江华旭实业有限公司印刷
*
787 毫米 ×1092 毫米　16 开　14.75 印张　240 千字
2020 年 9 月第 1 版　2020 年 9 月第 1 次印刷
定价：80.00 元
* * * *
（如有印装质量问题可更换）

浙江省八大水系之一——鳌江环绕的龙港市

建设中的龙港新城

坐落于龙港市的"八戒印艺全球总部"

2019年10月,第五届中国印刷与创意海峡两岸(龙港)论坛在龙港市举行

龙港市均瑶大厦

连接龙港市与平阳县鳌江镇的瓯南大桥夜景

2020年7月7日,龙港市第一个片区社会服务综合体
——沿江片区社会服务综合体启用

数学家姜立夫故居

龙港市张家堡双牌坊

龙港市企业——华昊无纺布有限公司

龙港市企业——诚德科技股份有限公司

龙港市企业——金田集团

龙港市企业——丰华科技发展有限公司

龙港市企业——温州市康尔微晶器皿有限公司

龙港市企业——浙江强盟实业股份有限公司

龙港市企业——温州天成纺织有限公司

自 序

温州是一个神奇的地方,温州南部即鳌江流域更是一个神奇又令人向往的地方。这块区域面积2300平方公里,人口230万,2019年GDP近1100亿元。从这里走出了苏步青、李锐夫、王均瑶等诸多名人。

39年前,鳌江流域是一个县级行政区,即平阳县。39年后的今天,鳌江流域变成了三个县级行政区,即平阳县、苍南县、龙港市。2019年7月,经国务院批准,撤销浙江省苍南县的龙港镇,设立县级龙港市,成为中华人民共和国第一例由镇直接改设为县级市,让这一块神奇的区域成为世人关注的焦点。

发展是硬道理。虽然鳌江流域行政区划一分为三、越调越小,但是丝毫不影响这一区域整体高质量发展的目标共识和价值追求。2019年8月,中共温州市委全会作出了"推动鳌江流域一体化发展"的战略部署,为在一分为三背景下温州南部鳌江流域发展指明了新的方向。多年来,苍南县以建设"浙江美丽南大门、建设温州大都市区南部第一副中心"为目标,步入全国百强县行列。平阳县坚持"昆鳌一体化"发展,以建设温州南部副中心城市为目标,不断做大做强鳌江镇,发挥这一千年古镇在区域发展中的龙头带动作用。设市后的龙港更是提出了打造全国新型城镇化综合改革示范区的奋斗目标,按照"一区五城"的战略部署推动高质量发展,无可置疑地成为推动鳌江流域一体化发展的发动机和领头羊。随着中央和省、市层面持续加大对这一区域发展的支持力度,随着一大批大项目的跟进落地,可以看见的未来,温州南部鳌江流域的崛起将成为新时期温州"续写创新史"、推动"温州模式"创新发展的标志性事件。

推进这一不平凡的发展实践,需要深入进行理论研究、政策研究和实践研究，为高质量发展提供高水平的决策咨询和实践支持。2019年10月，温州市社会科学界联合会批准设立了温州市瓯南发展研究中心（即瓯南智库），作为温州市社会科学重点研究基地，温州市社会科学界联合会的这一决策及时而又精准，与温州市委作出推动鳌江流域一体化发展合拍。温州市瓯南发展研究中心以鳌江流域一体化发展为研究方向，立足温州，放眼全国，内外互动，通过携手政商学精英、高等院校知名学者、社会贤达人士等高端智力，开展区域一体化、社会治理、特色小镇、新型城镇化、乡村振兴、民营经济发展、文化与社会发展等领域的研究和咨询服务，为鳌江流域一体化发展、全面建成小康社会做出贡献。自研究中心成立以来，在工作实践中，得到了区域内党政机关、社会组织、企业和有识之士的大力支持。而这一本书，就是本人担任温州市瓯南发展研究中心负责人期间带领团队和协作单位开展理论研究、政策研究、实践研究所取得成果的小结。希望能够对推动区域高质量发展有一些借鉴和启示作用，对有志于理论政策研究的工作者也有一些参考作用，如果这样，那么我们孜孜不倦为此付出的心血就没有白费。

当然，我们的研究刚刚起步，限于水平能力和保障条件，不足和缺点也是十分明显的，希望社会各界和广大读者理解。我们期待接下来能做得更好，为这一区域高质量发展奉献更多更好的研究成果。

林敬佑

2020年7月于世界温州人家园

目 录

第一辑　关于龙港设市

龙港设市与未来高质量发展 …………………………………………… 2
打造区域高质量发展主平台 …………………………………………… 11
承载国家战略的新起点 ………………………………………………… 22
基层治理扁平化改革研究 ……………………………………………… 28
关于"龙港精神"的几点建议 ………………………………………… 42
龙港新城开发模式若干思考 …………………………………………… 52

第二辑　关于区域高质量发展

评点 2019 温州十大事件 ……………………………………………… 62
温州需要设立新区吗 …………………………………………………… 70
加速了，鳌江流域一体化 ……………………………………………… 74
苍南县旅游管理体制研究 ……………………………………………… 78

"康养滋补"特色小镇研究 ………………………………………… 86

苍南县"十四五"发展建议 ………………………………………… 98

"中国（金乡）徽章博物馆"项目策划 …………………………… 101

苍南县人民调解员队伍建设的思考 ……………………………… 112

财政资金"折股量化"扶贫模式的实践与启示 ………………… 127

第三辑 关于区域内乡镇、村居、企业和人物

风口鳌江 ……………………………………………………………… 134

霞关的价值 …………………………………………………………… 140

全省第三，灵溪镇告诉你什么 …………………………………… 147

土地综合整治诞生"花园村庄" …………………………………… 151

一百公里的规划 ……………………………………………………… 155

村级治理的宜一样本 ………………………………………………… 160

浙福水产，高质量发展的探路人 ………………………………… 166

灵溪参茸，你的故事越讲越美 …………………………………… 171

GIUSEPPE 职业做职业装 …………………………………………… 178

缃韵，让非遗走向市场 ……………………………………………… 181

梦江南农庄，看得见的未来 ……………………………………… 185

金乡徽章，饮誉全球的智慧文创 ………………………………… 189

画家李贺印象 ………………………………………………………… 196

弘一体，不仅仅只是书法 …………………………………………… 200

安全文化建设的拓荒者……………………………………………… 206

一位武术家的红色情怀……………………………………………… 214

后　记……………………………………………………………… 218

第一辑 关于龙港设市

龙港市隶属于浙江省温州市，截至2018年底，面积183.99平方公里，户籍人口38.2万，GDP299.5亿元。龙港是改革的产物，改革是龙港最大的特征。36年来，从一个小渔村变成了建制镇，从建制镇再一跃变成了县级市。

2019年8月，经国务院批准，撤销浙江省苍南县龙港镇，设立县级龙港市，这是我国第一例由镇直接改设为县级市，以探索"大部制、扁平化、低成本、高效率"新型设市模式，探索"市直管村"扁平化基层治理改革，为全国所瞩目。2019年9月25日，浙江省委书记车俊、省长袁家军为龙港市挂牌。车俊指出：龙港要打造成为市场化建城引领区、基层治理改革创新实践区、民营经济创新发展示范区，打造成为全国新型城镇化样本。2020年1月，中国共产党龙港市第一次代表大会作出了"一区五城"的战略部署，开启了高质量发展新征程。

龙港市如何高质量发展？这是一个需要在实践中不断探索的问题。设市前后，本人参与了龙港相关一系列重大课题的研究咨询，提出了一些意见建议，现收录于此，供参考。

龙港设市 与 区域高质量发展

龙港设市与未来高质量发展[①]

今年是中华人民共和国成立 70 周年。在中华人民共和国成立 70 周年前夕，经国务院批准，撤销苍南县龙港镇，设立县级龙港市。8 月 30 日，浙江省人民政府在杭州举行新闻发布会宣布了这一决定，9 月 25 日，举行龙港市成立挂牌仪式，浙江省委书记车俊、省长袁家军出席并揭牌。无疑，龙港设市是今年浙江省改革发展的重大事件，也是新时期我国推进新型城镇化综合改革的标志性事件。直接由镇改为县级市，龙港是中华人民共和国历史上第一例。

一、35 年来龙港经济社会发展成就

38 年前，温州南部的鳌江流域是一个县，即平阳县，1981 年 6 月，从平阳县中分出一个苍南县。35 年前，苍南县在鳌江入海口南岸一个叫方岩下的地方，设立了龙港镇。从此，龙港镇的改革发展一发不可收，与中华人民共和国改革开放历程同呼吸、共命运，成为"温州模式"的一面代表性旗帜。现在，龙港市又从苍南县中分出，这样鳌江流域变成了三个县级行政区，即平阳县、苍南县、龙港市。

龙港刚建镇时，由 5 个小渔村组成。当时的情形是：放眼望去，荒草丛生，

[①] 此文发表在 2019 年 10 月出版的《温州决策科学》杂志上，并应邀于 2019 年 10 月 23 日在温州大学给本科生作同一主题讲课。

沟壑纵横，灯不明，路不平，水不清。整个镇只有5000多人，9位干部，靠借来的3000元钱开始搞建设。到了2018年底，龙港镇的户籍人口已经达38.2万，面积扩大至183.99平方公里，GDP299.5亿元，人均GDP7.86万元，财政总收入24.6亿元，城镇化率达63.2%，高于全国同期59.58%将近4个百分点。现在，龙港下辖9个片区、30个社区、72个村。截至2018年底，龙港镇列全国千强镇第17位；设市后，在温州市12个县（市、区）中，龙港市的GDP排在了第8位，人均GDP排在了第4位。可以说，龙港建镇在这35年间发生了翻天覆地的变化。

二、35年来龙港改革发展的主要历程及启示

龙港的改革发展历程，从三个维度来阐述：

第一个维度是行政区划面积。龙港镇的面积一直在不断调整扩大。1983年10月，浙江省人民政府批准设立龙港镇。1984年3月，龙港镇党委、政府正式成立，将金钗河、江口、下埠、方岩、河底高5个小渔村划归龙港镇管辖，面积5.2平方公里。1984年6月，把周边的湖前、白沙、龙江、沿江四个乡并入龙港镇，面积扩大至50平方公里。2000年，把周边的湖前镇、江山乡、平等乡三个乡镇并入龙港镇，面积扩大至83平方公里。2011年6月，温州市乡镇行政区划大调整，又把周边的芦浦镇、舥艚镇、云岩乡并入，再并入约30平方公里的苍南县江南海涂围垦区块，形成了现在的龙港市行政区划的面积规模，即183.99平方公里的陆域面积。所以，龙港的改革发展历程也是一个行政区划面积不断扩大的过程。

第二个维度是发展战略目标。从最初的"农民城"到"产业城"再到"现代化小城市"。建镇之初，龙港一没有人才、二没有资金、三没有产业，怎么发展？时任龙港镇党委书记陈定模，采取三个办法：一是户籍制度改革，就是吸引龙港镇周边的苍南县宜山、钱库、金乡等地包括周边县、市的一些农村专业户，让他们自带口粮进城落户。二是土地制度改革，即土地有偿使用。让进城农民买地基盖房子，这样，政府就可以拿到一笔资金用来发展。从1984年6月到当年

龙港设市 与 区域高质量发展

年底，短短6个月的时间内，龙港镇就拿到1000万元的土地有偿使用资金，而当时苍南县一年的财政收入只有800万元。三是发展民营经济，以产业发展带动城市建设，实现持续发展。到了1990年，龙港镇工业总产值达2.32亿元，成为温州市第一个工业产值超2亿元的乡镇。到了1994年龙港镇实现生产总值9.2亿元，工业总产值16.4亿元，财政收入8301万元，农村居民人均收入3688元，综合经济实力跃居温州市乡镇第一名。

龙港镇打响了"农民城"这一牌子，从此，"农民建城"成为"温州模式"的核心内容之一。1993年在104国道平阳县钱仓镇进入龙港镇的路口竖起了由时任国务委员、公安部部长王芳题写的"中国农民第一城"的牌匾。但是，随着市场经济体制的进一步完善，龙港建镇初期的改革先发优势逐步弱化，土地等要素约束的劣势逐步显现。在激烈的区域竞争中，大量的企业和资金外流，到20世纪末，龙港镇的发展陷入了困境。

2002年，时任龙港镇长的汤宝林认识到："龙港的发展迟缓是缺乏自己的特色产业。农民当年可以进城，也可以出城，不发展特色产业，农民城将成为一座空城。"为此，他提出了从"农民城"向"产业城"跨越的发展目标定位，实现产业化与城市化良性互动的发展思路。之后，龙港镇开始加快产业化进程，形成了印刷包装、毛纺毛毯、塑料编织、机械化工、通信电缆、食品化工、服装鞋革、新型材料（包括不锈钢、微晶玻璃、超细纤维、陶瓷）等一批特色产业，先后获得了"中国印刷城"（2002年9月）、"中国礼品城"（2003年9月）、"中国印刷材料交易中心"（2006年7月）和"中国台挂历集散中心"（2006年7月）四张国家级特色产业金名片。2003年3月，耸立在104国道钱仓路口达10年之久的"中国农民第一城"招牌被拿下，一块"中国印刷城"的牌匾在甬台温高速公路萧江互通口挂上。拿掉旧牌，竖起新牌，折射出龙港镇走出"农民城"的老路建设"产业城"的决心。

到"十五"末（2005年），龙港镇先后规划工业园区面积6平方公里，建成示范印刷工业园区、小包装印刷工业园区和城东综合工业园区等三个工业园区。同时，积极培育大企业、大集团，全镇超亿元企业达15家，其中苍南电力、瑞田钢业两家企业产值超10亿元，规模以上企业达156家，金田、新雅、曙光等

9家企业升格为无区域集团公司。到"十一五"末（2010年），龙港镇实现地区生产总值122.8亿元、工业总产值282.5亿元、财政总收入11.4亿元；三次产业结构比重为1.6∶68.3∶30.1，规模以上企业有282家，产值超亿元的有23家。至此，龙港镇基本上跨入了工业化中期阶段。

从2011年至2016年，龙港镇先后两轮列入"浙江省小城市培育试点镇"，开始提出建设"现代化小城市"这一战略目标，从"产业城"向"现代化小城市"迈进。龙港镇提出打造"全国城镇综合改革示范基地、鳌江流域中心城市和宜居宜业的滨海工贸特色城市"这样的发展定位，在经济转型、城市转型、社会转型、生态人文、体制机制等五个方面实现突破，通过三年努力，小城市培育取得了预期目标。再经过第二轮三年的小城市培育，截至2016年底，龙港镇实现生产总值246.9亿元，财政收入21.4亿元，位列2016年度全国百强镇第19位。无论是经济总量、人口数量，还是城市建设，现代化小城市都已初露端倪、初具规模。

第三个维度是改革。龙港镇一直不断推进以强镇扩权为内容的各项改革。由于龙港镇经济社会发展十分迅速，规模体量急剧扩大，镇一级的经济社会管理权限显然无法适应，"小马拉大车"现象十分突出。生产关系要适应生产力的发展，所以，以强镇扩权为主要内容的改革成为龙港镇发展的刚需。改革伴随着龙港镇发展的全过程，龙港镇的发展史其实就是一部改革史。影响最大的三次改革，分别是：1995年全国小城镇综合改革，2009年温州市委的强镇扩权改革，2014年全国新型城镇化综合改革。

1995年国家体改委等11个部委确定龙港镇为全国57个小城镇综合改革试点单位之一，并于2007年在龙港镇召开全国小城镇综合改革试点工作会议。这次龙港镇综合改革方案包括12大项内容、36大项目，在行政管理体制、财政管理体制、计划管理体制、户籍制度改革等七个方面，探索建立新的小城镇管理运行机制。龙港镇建立了浙江省第一个镇级金库，实行温州市级计划单列，享受部分县级经济管理权限。这次改革力度很大，对龙港镇的发展产生了深远的影响。但是，改革的成果没有巩固下去，部分县级管理权限下放后又被收回。

2009年温州市委、市政府出台了《关于推进强镇扩权改革的意见》，龙港镇等五个镇列入第一批市级强镇扩权试点镇。这次改革的主要内容：一是加大政策扶持力度。在用地指标上，县级政府单独切块给试点镇；在财政上，县与试点镇的关系采取确定基数、超收分成、一定几年不变，试点镇的土地出让收入除上交有关税费外，在分配时向镇财政倾斜；在项目安排上，县级政府优先安排试点镇的产业和基础设施、社会事业项目，试点镇人民政府行使县级企业投资项目、技术改造项目的核准、备案权；在扩大县派驻试点镇部门的权限上，原则上县职能部门能放的管理、审批权限，都要下放到试点镇。二是完善工作平台。主要是建立城镇管理综合执法大队、镇审批服务中心、镇土地储备中心、镇招投标中心等机构。三是理顺管理体制。试点镇党委书记，进所在县委常委，镇长明确为副县长级，列席县政府常务会议。县派驻试点镇的机构建立分局，分局正职由县级部门领导兼任或明确为副科级，试点镇党委、政府对驻镇部门主要领导实行年度评议的机制。这次强镇扩权改革的大部分成果被保留下来，对推动龙港镇加快发展起到了积极作用。

2014年国家发改委等11部委批复全国64个地区为第一批国家新型城镇化综合改革试点单位，其中，龙港镇是全国第一批仅有的两个镇级试点之一。龙港镇主要试点如何破解特大镇体制桎梏问题，另一个试点镇是吉林省安图县二道白河镇，主要探索如何实行"区镇合一"管理体制问题。这次龙港镇试点的目标是：通过三年左右的努力，探索建立职能分工合理、行政层级优化、管理机构精简、行政成本降低、行政效能提高、公共服务改善、治理能力提升的新型设市模式，为全国提供可复制、可推广模式。主要改革做法：一是完成大部门制改革。将龙港镇原有12个内设机构、11个事业单位和县派驻部门中的住建分局等18个单位进行合并，组建成1办14局，共15个大部门机构，机构数从41个减少为15个。二是县级权限下放。苍南县委、县政府将第一批1575项县级权限事项下放给龙港镇，并将县派驻龙港镇的18个部门计300名行政事业人员划给龙港镇管理。三是建立扁平化管理体制。建立"市管社区"体制，整合成立14个社区，通过信息化技术手段，将政府行政审批、公共服务职能延伸到社区，切实提高社区自我管理、自我服务的能力。四是建立行政审批服务和综合行政执法平台。将120项行政审批职能纳入行政审批服务中心，将15个部门涉及600多项行政执法职能纳入城市管理和综合行政执法局,实行综合执法。五是打造共建共治共享的城市治理格局。通过打造综治工作、市场监管、综合执法、便民服务"四大平台",构建"多网合一、并网运行"的基层治理网络,采取"政府主导、社会运行、专业运作"模式,发展壮大社会组织,进一步厘清政府、社会、市场的分工,推动城市治理体系和治理能力现代化。随后,国家出台了一系列支持非县政府所在地特大镇设立为县级市的政策,龙港镇借此东风申报设立县级市。2019年1月27日浙江省省长袁家军在省人代会上宣布,推动龙港设市,梦想终于成真。

从一个小渔村发展成为全国瞩目的县级市,这得益于中国特色社会主义的伟大实践,得益于改革开放的政策机遇,得益于中国共产党的坚强领导。那么,龙港的发展给了类似地区什么启示呢?

启示之一:坚持以问题为导向。这些年,龙港镇"小马拉大车"现象严重,倒逼着历届龙港镇委、镇政府推进改革。通过改革,使生产关系在一定程度上适应生产力发展,推动了龙港经济社会快速健康持续发展。

启示之二:积极向上争取政策资源。这些年,龙港一直在积极奔走,争取上面的资源、机会,以破解"小马拉大车"这一发展困境。龙港能有今天的发展,确实是上面各种资源、政策堆出来的。

启示之三:一张蓝图绘到底,一任接着一任干。龙港设立县级市这一目标,在当地已形成共识,所以,无论官方还是民间都齐心一律。特别是2011年以后,苍南县集聚大量发展资源、政策资源,推动龙港做大做强,综合实力进入全国千强镇第17位,所以这次甩掉前面16位竞争对手顺利晋级不是偶然的。

三、龙港设市后如何实现高质量发展

对于新诞生的龙港市,大家都寄予厚望,如何实现高质量发展,成为各方关注的焦点。温州市市长姚高员在8月30日的讲话中指出:龙港市要探索新型城镇化综合改革,探索行政管理"扁平化"模式,以打造"智慧城市"为目标,实现高质量发展。浙江省委书记车俊在9月25日的讲话中指出:龙港市要担负起先行先试、示范引领、造福群众、携手发展的使命，融入"一带一路"、长三角一体化发展，努力建设成为市场化建城引领区、基层治理改革创新实践区、民营经济创新发展示范区，打造新型城镇化样本。

龙港市未来究竟如何发展，这是一个很大的课题，在此提出一些不成熟的建议，供决策参考：

第一，要打造成为国家新型城镇化综合改革的"实验区"。龙港市是一个县级市，但又是一个"实验区"。县级市是它的行政级别，"实验区"是它所承担的探索新型城镇化综合改革的国家战略任务。所以，龙港市不能走周边其他市、县的追求县域发展功能的"大而全、小而全"老路，而要聚焦国家新型城镇化综合改革的一系列重大问题，有选择性、有侧重地推进自身发展。

龙港市实验什么？实验国家新型城镇化综合改革。所谓新型城镇化，就是在我国改革开放和现代化建设进入新的历史时期，即从全面小康向现代化迈进这一时期，着眼于供给侧结构性改革，着眼于人民群众对美好生活的向往，着眼于信息化、数字化、人工智能时代的到来，破除城乡"二元社会"制度障碍，高质量推进农民就地城镇化和城乡融合发展。所以，未来的龙港市将没有农业户口与非农业户口的区别，没有城市与农村的区别，城乡一体、设施一致、服务均等，富裕民主和谐幸福美丽等一一实现，这就是龙港市新型城镇化综合改革要达到的目标。

所以，龙港市的发展重心要继续围绕"国家新型城镇化综合改革"这篇文章，建好实验区，耕好实验田，收获实验粮，为国家战略形成经验，为区域发展注入动能，为自己升级达成目标。

第二，要成为推动鳌江流域一体化发展、建设"美丽浙江南大门"的领头羊。鳌江流域现在由三个县级行政区组成，面积2300多平方公里，人口230多万，2018年GDP近1000亿元。2019年7月12日，温州市委十二届八次全会首次提出推动鳌江流域一体化发展、建设"美丽浙江南大门"这一发展目标，这为龙港市加快发展创造了新的机遇。而龙港市现有的规模体量并不大，所以，龙港市一定要融入鳌江流域，与南边的苍南县、北边的平阳县实现一体化发展，促进资源、要素、功能在更大的空间范围内优化配置，达到一加一加一大于三的叠加效应。

无论是知名度、影响力还是承担新型城镇化综合改革的国家战略任务，龙港市无疑是撬动鳌江流域一体化加速推进的发动机，其探索国家新型城镇化综合改革的政策溢出效应必将让苍南县、平阳县乃至周边其他县、市受益。因此，在温州市委、市政府的统一领导下，苍南县、平阳县、龙港市要携手建立区域一体化协调发展机制，在规划编制、基础设施、产业发展、公共服务等方面尽快形成与鳌江流域一体化发展目标相衔接的制度体系、组织架构，这也是龙港市高质量发展的题中应有之义。

第三，要成为探索县域行政管理"扁平化"模式的先行者。龙港市这次在机构设置中，没有按照县、乡镇、村居这样传统的三级机构模式设置，而是少去了乡镇这一层级，县直接管到村。这有一个重要前提，就是龙港市的体量小，管理幅度并不大。另外，龙港市的四套班子、部委办局设置，也没有按照一般县的做法，而是以精简、合并、效能为原则，实行大部门制，一人多岗，一岗多责。据测算，与相同体量的县相比，龙港市这次机构人员精简45%，实现了"低成本"的目标。

机构压缩了，层级减少了，人员减少了，可以看见的成本是降了，但是，效率就一定提高吗？不一定。为什么？关键是配什么素质的人。龙港市现在面临最大的一个问题是这一批原有的乡镇、社区、村居干部如何提升素质，适应新的发展要求。

一个地方的发展，离不开人才。现在，龙港市更需要一大批高素质的干部、一大批高素质的创业创新人才。怎么办？一是创造好的条件，在激烈的人才竞争中，吸引一大批人才入户龙港市；二是自己创办大学和研究机构，培养一大批所需人才。另外，精简机构之后，很多政府性的职能推给社会、推向市场，如何规范政府购买社会服务，如何提升社会组织市场化服务水平，成为需要解决的一个重点问题。龙港市决不能再走体制内编制不够、体制外再招临时人员的老路。

第四，要大力推动产业转型升级，构建起新兴产业体系。这些年，龙港产业"低、小、散"的帽子一直没有拿掉，国家宏观调控信贷紧缩时，一些企业纷纷倒下。重心转到量大面广的小微企业上，建立许多小微工业园区，扶持小微企业

龙港设市 与 区域高质量发展

发展，也没有从根本上改变龙港产业发展的现状。龙港新城是未来产业发展的主平台，35.8平方公里空间规模，除去基础设施，除去公共事业，除去商业地产，剩下的也就是7平方公里左右可以用的工业发展空间，再加上这些年已经批出去用掉的，剩余空间其实不多。传统产业难以升级，发展空间平台也不充裕。怎么办？

有四个思路建议：第一个建议是像浙江乌镇设立永久性的"世界互联网大会"一样，在龙港市设立一个永久性的世界级的会议或论坛，以此达到吸引高端资源在龙港市集聚，推动产业跨越式发展。第二个建议是建设一批创客空间、产业服务综合体、特色小镇，出台一系列配套政策，让互联网经济成为龙港市经济新的增长极。第三个建议是争取大型央企在龙港市落地，形成一个新的产业集群，彻底改变龙港市的产业结构。第四个建议是与一些知名大学合作，在龙港市设立校区，既解决人才不足，又促进产业发展。

第五，要以打造"智慧城市"为目标，提升城市规划、建设、管理、营运水平，加快建成现代化城市。打造智慧城市，既是上级领导对龙港市发展的殷切期待，也是龙港市高质量发展的内在要求。众所周知，智慧城市是城市信息化发展的高级形态，是把新一代互联网信息技术充分运用于城市各行各业当中，以实现信息化、工业化、城镇化的深度融合，不断提高城市建设管理的质量和水平，不断改善居民的生活质量和品位，实现城市治理体系和治理能力现代化。截至2017年，全国超过500个城市提出要建设智慧城市，所以，龙港市在这一浪潮中不应缺席。通过若干年努力，龙港市要成为智慧城市标杆，尤其要在行政审批的"最多跑一次改革"中体现"扁平化"体制与智慧城市建设的完美对接，打造成为全国样本。

通过深度嫁接物联网、大数据、云计算和人工智能技术，龙港市在政府管理、城市建设管理、行政执法、公共服务、社会事业发展、产业转型升级、居民个人生活等各个方面、各个领域实现质的飞跃，使龙港市成为创业创新之都、旅游休闲之都、品质生活之都，成为温州南部崛起的现代化城市中心。

第一辑 关于龙港设市

打造区域高质量发展主平台[①]

龙港新城位于鳌江入海口南岸，由海涂围垦而成，拥有35.8平方公里的净地建设空间和5万吨级的崇家岙码头港区出海口。这一优越的发展条件，使得龙港新城无可替代地成为新时期建设温州大都市区南部中心城市、打造"美丽浙江南大门"、实现区域高质量发展的战略主平台。

龙港设市后，按照建设"市场化建城引领区、基层治理改革创新实践区、民营经济创新发展示范区"、打造新型城镇化"全国样本"这一目标定位，2020年1月，龙港市第一次党代会作出了"一区五城"的战略部署，即以建成国家新型城镇化综合改革示范区为总目标，以打造活力创新城、高端产业城、现代智慧城、幸福宜居城、平安善治城为主攻点，努力建设温州大都市区南部中心城市。在这一发展态势下，龙港新城的战略地位正在上升、战略价值正在凸显，为此，需要深入探析其发展优势、战略定位、平台升级、项目谋划、体制创新等一系列重大问题，进一步厘清思路、找准定位、落实举措，以适应新的发展形势和任务要求。

一、关于发展机遇及优势条件

龙港新城的前身是苍南县江南海涂围垦工程。从2002年正式列入浙江省

[①] 此文是2020年6月为龙港新城开发建设中心做发展战略课题研究的主要观点。

龙港设市与区域高质量发展

海涂围垦总体规划至今，已经走过了18年的发展历程。18年来，龙港新城深入贯彻中央和省、市、县委战略部署，坚持高起点规划、高质量建设、高标准开发，坚持边围垦、边规划、边招商、边建设，取得了巨大发展成就。截至2019年底完成政府性投资132亿元，围垦造地4.34万亩，入驻企业438多家，实现规上工业总产值32亿元，集聚人口2万多人，一座现代化滨海城市正拔地而起。2019年龙港设市具有里程碑意义，占龙港市面积六分之一的龙港新城在这新一轮改革发展中将扮演举足轻重的角色，其发展机遇、发展优势前所未有。

1. 发展机遇分析

第一，国家战略实施带来的发展机遇。龙港之所以设市，得益于探索新时期新型城镇化综合改革这一国家战略的实施。区别于传统城镇化，新型城镇化最重要的特征是坚持以人的全面发展为核心，深入贯彻"创新、协调、绿色、开放、共享"的发展理念，实现从高速发展向高质量发展转变。所以，新型城镇化综合改革来自国家战略层面的顶层设计、政策创新、产业布局、发展支持，这是龙港新城高质量发展的最大机遇。第二，区域一体化带来的发展机遇。龙港新城地处长三角经济区与海峡西岸经济区的交汇处，与中国台湾地区隔海相望，战略地位十分突出。与龙港新城有关的区域一体化发展战略有：国家层面的"一带一路"、长三角一体化、海峡西岸经济区；地方层面有浙江省"四大"建设、温州大都市区、鳌江流域一体化等。通过深入对接区域一体化发展的政策红利，参与区域一体化发展的合作与分工，承接区域一体化发展的产业转移，实现借势借力发展，加快提升开放开发水平，不断缩小与发达地区之间的发展差距。第三，行政级别提升带来的发展机遇。从根本上破解原来一直困惑龙港镇发展的"小马拉大车"问题，解放发展了生产力。同时，行政级别的提升带来了资源政策的集聚：温州高新区龙港产业园、省级经济开发区、中国（浙江）自贸区温州联动创新区等已经或有望在龙港市一一对接落地；正在积极争取列入"国家城乡融合发展试验区"，为推进新型城镇化综合改革争取国家层面的政策支持。

2. 发展优势条件分析

第一，改革创新精神带来的发展优势。龙港是改革的产物，改革是龙港最鲜明的特征。36年来，龙港一直以改革促发展，以改革不断创造一个个辉煌，书写一个个创业传奇，实现了从小渔村到"农民城"再到现代化城市的历史性跨越，成为"温州模式"的主要发祥地之一。这种敢为人先、坚韧不拔、开拓创新、包容善治的精神传承是推动高质量发展的力量源泉。第二，巨大空间资源带来的发展优势。龙港新城是一块主要由海涂围垦而成的发展空间平台，目前面积达35.8平方公里，曾经是全国面积最大的海涂围垦工程。而且没有拆迁问题，是一张白纸，土地几乎全部是建设用地指标。目前已经开发空间还不到30%，未来15年的发展空间资源保障应该没有问题。而且龙港新城还拥有沿江面海、深水港区泊位的独特资源优势，崇家岙4万吨级港区是温州南部最大最优的出海通道，有助于进一步拓宽与国内其他沿海城市以及中国台湾地区的交通联系。第三，对台湾合作前景带来的发展优势。龙港新城与中国台湾地区隔海相望，相距仅120多海里，崇家岙港区具备开通海上对台货运、客滚直航的良好条件。龙港市与中国台湾地区在印刷业方面开展合作已久，一年一度的"海峡两岸（龙港）印刷与文化产业博览会"在两岸工商业之间产生了一定影响。2011年设立的浙台（苍南）经贸合作区，把龙港新城列入其空间规划。第四，成型的产业基础带来的发展优势。2018年龙港市GDP达299.5亿元，人均GDP在温州市12个县（市、区）中排名第四。龙港市拥有"中国印刷城""中国礼品城""中国印刷材料交易中心""中国台挂历集散中心"四张国字号产业品牌。经过多年的发展积累，龙港新城以小微园为平台，推动印刷、纺织、塑料、化工等传统产业升级取得了明显成效，同时，引进一批以医药卫生、风力发电装备、通用机械、电子制造等为代表的先进制造产业，为未来高质量发展奠定了坚实的产业基础。

二、关于战略定位和发展原则

设市后的龙港发展面临四个方面的升级：一是战略升级，具体就是由原来着眼于鳌江流域一体化发展、温州大都市区发展战略转变到着眼于新型城镇化综合改革这一国家战略。二是平台升级，具体就是由县一级产业发展平台提升到省一级乃至国家级产业发展平台。三是产业升级，具体就是由传统制造业基地向高新技术产业、先进制造业基地转变。四是资源升级，具体就是由沿江时代向大海时代转变，大力发展海洋经济，积极开展对台经贸合作，未来争设自贸区、综合保税区或保税港区。

面对这四个升级，龙港市提出了"一区五城"的发展定位。龙港新城与龙港市在发展定位上是相近的，但是，龙港新城是龙港市乃至区域高质量发展的战略主平台，必须突出区域发展的核心引领作用，必须突出高新技术产业的集聚效应，必须突出海峡两岸民营经济创新发展的战略考量。鉴于此，综合考虑各方面因素，提出"一核三区"的战略定位和坚持"产城融合、蓝绿相衬、科技智慧、包容开放"的发展原则建议。

1. 战略定位

总体定位——温州大都市区南部中心城市核心区（即"一核"）。贯彻浙江省"四大"建设战略部署、温州大都市区战略，按照龙港市委建设"温州大都市区南部中心城市"战略部署，适应区域一体化发展要求，加快推进新型城镇化进程，大力发展高新技术产业，积极推动两岸民营经济创新发展，努力建设成为现代化的城市核心区。三个功能定位——国家新型城镇综合改革试验区、国家级高新技术产业集聚区、海峡两岸民营经济创新发展示范区（即"三区"）。国家新型城镇化综合改革试验区，即以人的全面发展的为核心，坚持城镇化、工业化、信息化和农业现代化协调发展，坚持就地城镇化和城乡融合发展，积极探索"大部制、扁平化、低成本、高效率"的新型设市模式，积极探索"市直管村"基层治理扁平化改革，努力建设"市场化建城引领区、基层治理改革创新实践区、民营经济创新发展示范区"，打造新型城镇化全国样本。国家级高新技术产业集聚区，即按照"高端产业城"建设要求，以供给侧结构性改革为主线，以提质增效为中心，以创新发展为动力，以平台、技术、装备、产品、政策升级为重点，积极对接落地"温州高新区龙港产业园"，积极对接列入中国（浙江）自贸区温州联动创新区，积极争设省级、国家级产业发展平台，引进一批战略性重大产业项目，推进产业高端化、规模化、集群化发展。海峡两岸民营经济创新发展示范区，即贯彻习近平在浙江工作时提出的"北接上海、东引台资"发展思路，充分发挥"五缘"优势，探索处于低谷时推动两岸合作新模式、新途径，以一年一度的"海峡两岸（龙港）印刷与文化产业博览会"为纽带，以印刷业合作为重点，适时开通海上直航，促进两岸民营经济高质量发展。

2. 发展原则

第一，产城融合。按照生产空间集约高效、生活空间宜居适度、生态空间山清水秀田美海蓝的原则，统筹规划包括中央商务区、产业集聚区、生态综合区、港口经济区等功能分区，探索网络化、多中心、多功能的滨海山水田园城市发展模式，打造充满活力、人和企业共同生存集聚发展的高质量空间，实现以产兴城、以城促产、产城融合。第二，蓝绿相衬。发挥青山绿水田园、沿江傍港面海的自然生态优势，高标准规划建设包括沿江生态廊道、城市中心绿轴、城市中心湖系列公园等一批标志性生态绿地工程，努力建设生态城市、"海绵城市"。加强主要交通要道绿化设施建设、"美丽田园、村庄、港口、海洋"建设、加大"五水共治"力度，加大企业节能减排力度，大力发展循环经济，打造天蓝、地绿、水碧的宜居宜游城市。第三，科技智慧。依托新一代互联网信息技术，搭建起"城市大脑"，加快推进智慧城市建设。全面改造提升传统产业，积极引进高新技术产业，推动产业迈向信息化、智慧化。鼓励支持高等院校在龙港新城成立各种研究机构、研发中心，广泛引进各类人才，以人才集聚推动经济社会高端化。第四，包容开放。建立放手让各类资源、资本、项目在龙港新城落地集聚发展的制度环境，尤其是吸引各路英才落户龙港新城创业创新。深入实施"温商回归"工程，创造良好的投资环境，吸引在外龙港人、在外温州人回乡创业，实现内外龙港人、温州人互动发展、合作共赢。争取列入中国（浙江）自贸区温州联动创新区空间范围，以自贸区的政策体制创新，推动营商环境与国际接轨。

三、关于提升产业发展平台能级

2011年龙港新城首次列入浙台（苍南）经贸合作区的空间范围，成为其三大核心区之一，崇家岙港区也被规划为浙台（苍南）经贸合作区对台直航的口岸。由于浙台（苍南）经贸合作区列入省级经济开发区序列，因此，设市之前，龙港新城与省级经济开发区有过一面之缘，但还不是真正意义上的省级经济开发区。设市后，龙港市委、市政府高度重视产业发展平台建设，提出要积极打造高能级产业发展平台。目前，正在研究、对接的产业发展平台有：一是温州高新技术产业开发区龙港产业园。目前，已经落地在龙港新城产业集聚区，规划面积800亩，这是一个国家级产业发展平台的分区。二是省级龙港经济开发区。目前，龙港市委、市政府正在积极申报，有望于2020年内批设，主要空间在龙港新城，这是一个省级产业发展平台。三是中国（浙江）自由贸易区温州联动创新区。2019年浙江省政府批设中国（浙江）自由贸易区温州联动创新区，给龙港发展带来新的机遇。目前，龙港市委、市政府及有关部门正在开展前期研究，并适时提出申请，争取龙港新城尽早列入中国（浙江）自由贸易区温州联动创新区空间范围内，以制度创新推进产业发展平台能级提升。

对龙港新城来说，提升产业发展平台能级，重点是设立园区性产业发展平台。建议分三步走：第一步，以龙港新城为主空间，设立省级龙港经济开发区。同时，争取中国（浙江）自贸区温州联动创新区尽快扩容，把龙港新城列入其中，以自贸区的体制政策创新，提升龙港新城开放开发水平。第二步，以龙港新城为主空间，申报设立"国家级龙港高新技术产业开发区"。在此基础上，考虑在龙港新城临港区块申报设立"综合保税区或保税港区"，享受海关特殊监管政策，推动龙港新城高质量发展。第三步，在龙港市新型城镇化综合改革出经验出示范的前提下，借鉴2019年浙江省委、省政府设立"义乌国际贸易综合改革试验区"的做法，争取由浙江省委、省政府设立"龙港新型城镇化综合改革试验区"，覆盖龙港全市区域范围，设置管委会，作为浙江省委、省政府派出机构，享受设区市一级的政策支持。但是，这一试验区的设立具有较大不确定性。

四、关于谋划一批战略性重大项目

龙港新城要打造国家新型城镇化综合改革试验区、国家级高新技术产业集聚区、海峡两岸民营经济创新发展示范区，必须及时谋划一批大项目，引进一批大项目，以大项目推动大建设、促进大发展、实现大跨越。根据战略定位和总体目标思路，以引大学、引央企、引台资、引温商为切入点，策划、引进一批大项目，促进龙港新城高水平开放开发。

1. 大学校区项目

借鉴浙江大学海宁校区做法，在龙港新城中央商务区规划占地1000亩面积的知名大学龙港校区项目，计划投资80亿元，这一重大项目填补了温州南部鳌江流域近2300平方公里、230万人口区域无大学的空白。合作方式可以考虑由龙港市政府与知名大学合作，或由龙港市、苍南县、平阳县三个县级政府联合与知名大学合作，或由温州市政府与知名大学合作。该项目落地对于提升鳌江流域、龙港市、龙港新城开发建设档次、破解人才技术瓶颈、促进区域产业升级、改变区域发展格局，都具有开拓性、战略性、全局性影响。

2. 华润产业园项目

华润（集团）有限公司是大型央企，2019年列入世界500强第80位，旗下有6家公司在香港上市，分别是：华润燃气、华润啤酒、华润电力、华润置地、华润水泥、华润医药，其主营业务为日用消费品制造与分销、地产及相关行业、基础设施及公用事业三块领域。华润电力在龙港新城投资80亿元建设华润苍南电厂一期项目，已经于2014年1月竣工投产，为地方经济社会发展做出了巨大贡献，双方建立了良好的合作基础。目前，华润电厂供热项目正在积极推进。在此基础上与华润（集团）有限公司开展深度战略合作，发挥央企品牌、资金、政策优势，借鉴宁波大榭岛开发模式，在龙港新城产业集聚区靠近港区一侧设立"华润产业园"，规划面积1500亩以上，总投资在300亿元以上，由华润（集团）有限公司牵头，联合其他央企或上市公司一起投资，争设"综合保税区或保税港区"，包括出口加工园、物流基地、对台直航、供热工程、煤灰渣处理、华润苍南电力二期、港区开发等多个子项目，这一项目对于推动龙港新城、龙港市、温州南部高质量发展具有标志性意义。

3. 台湾产业园项目

中国台湾印刷机械制造业十分发达，特别是印前设备。其印刷设备制造企业在大陆包括泉州、昆山、东莞、惠州、天津等地均有设厂生产。龙港市印刷包装企业也一直在使用中国台湾制造的印刷机械设备，使用反映良好。中国台湾印刷业无论技术、管理、效率都大大优于龙港市水平。2012年苍南县印刷包装协会向苍南县委、县政府提出在龙港设立"台湾印刷机械产业园"的建议，2013年苍南县政府在龙港召开了首次"苍南与台湾印刷业合作座谈会"，中国台湾印刷同业公会负责人、数十位中国台湾印刷印机企业负责人到会，并提出在龙港新城创办"台湾印刷机械产业园"倡议，龙港新城产业集聚区规划也将其列入。2015年起"海峡两岸（龙港）印刷与文化产业博览会"在龙港举办，此后每年举办一次，中国台湾印刷印机企业也积极参与展览销售，取得了不错的业绩，其间，还举办了一年一度的"中国印刷与创意海峡两岸（龙港）论坛"。2016年5月，中国台湾印刷同业公会和苍南县人民政府、温州海峡会展文化有限公司签订了三方协议，决定为期十年联合举办海峡两岸（龙港）印刷与文化产业博览会与中国印刷与创意海峡两岸（龙港）论坛，同时，中国台湾印刷同业公会和龙港镇政府、温州海峡会展文化有限公司签订了三方协议，联合在龙港开发海峡文创街区。因此，创办吸引中国台湾印刷印机企业前来投资产业园区是有历史渊源和一定的现实基础。建议在龙港新城产业集聚区内规划300~500亩面积的"台湾产业园"，并为入园台企量身定制专项政策扶持，引进中国台湾（包括在大陆的台商）印刷企业、印机企业、制造企业、生物科技企业，总投资为50亿元。

4. 东普陀产业园项目

琵琶山是龙港新城的一道天然屏障，屹立东海潮头，护佑后方大千。琵琶山面积0.674平方公里，最高处海拔144米，东首面朝大海低而窄，宽度100米，西首高而宽，宽度800米，长1300米的山体如一把琵琶静卧在风波里。依托鳌江两岸佛教信仰深厚的群众基础，引进在外温商战略投资者，打造集信仰、旅游、养生、学习于一体的"东普陀产业园"，成为海峡两岸开展佛教文化、中华文化、民营企业文化交流的重要基地。该项目包括观音文化园、地方历史文化园、孝道文化园、弘一养生园、中国（龙港）新型城镇化高峰论坛、海峡两岸民营企业家精英论坛等子项目，预计总投资80亿元。该项目对于快速集聚龙港新城人气、深入推动两岸交流合作、不断提升区域历史文化底蕴具有十分重要的意义。

五、关于创新体制机制

对照高质量发展目标要求，需要在新型城镇化综合改革、投融资体制改革、招商引资工作机制、人才保障工作机制、城市建设管理体制等方面创新突破，为龙港新城高水平开放开发创造制度保障。

1. 推进新型城镇化综合改革

按照"大部制、扁平化、低成本、高效率"的新型设市模式，优化龙港新城开发建设中心机构职能设置，理顺市直机关、国有企业与龙港新城之间的责权利关系，进一步明确"权力清单、责任清单、负面清单"，支持推动市直机关"机构、人员、职能"向龙港新城下沉倾斜。以雇员制、薪酬制、聘任制、合作制、顾问制等方法，引进高学历、高职称、高水平专业人才，配优配强专业岗位、关键部门，提高城市开发建设能力和水平。按照"市管村居、分片服务"基层治理扁平化要求，以区域化党建为核心，以"全科网格"为基层治理单元，发挥行业协会、企业工会和小区业主委员会的作用，推进区域治理现代化。加快培育和发展壮大社会组织，建设专业化社工队伍，积极承接政府职能转移，不断提升共建共治共享水平。利用新一代互联网、大数据、云计算、区块链、人工智能等技术，加快推进智慧城市建设，推动"最多跑一次改革"向片区、向社区、向邻里中心、向小区、向掌上延伸，不断提升城市管理服务水平。

2. 积极推进投融资体制改革

充分发挥国资公司在公共设施建设中的投资营运主导作用，实施"1+5"龙港市国资改革，以龙港市新城建设发展有限公司为投资主体，加快城市公共基础设施投资建设。通过盘活存量资产，做大有效资产，提升公司注册资本金规模，增强公司融资能力，积极拓宽融资渠道、创新融资方式，不断降低融资成本，切实减少负债规模，实现良性滚动发展；积极探索对接债券、股票、股权等资本市场，实现公司上市融资、项目上市融资；积极鼓励社会资本参与开发建设和投资营运，鼓励社会资本投资小微园区建设营运。出台政策扶持，引导社会资本、民间资本、国际资本以独资、BT、BOT、PPP等形式参与基础设施、产业项目、民生项目建设营运。

3. 完善招商引资工作机制

建立与发展定位、产业方向、资源禀赋、要素保障相适应的招商引资项目库，精心包装、专业策划、定期发布。打造一支专业的招商引资队伍，建立完善的招商引资工作激励考核机制，在国内外重要城市设立招商引资机构，扩大招商引资工作视野和项目选择空间。突出招大商、招央企、招高新技术企业项目、招全球500强项目，完善在行政审批、用地保障、融资服务、税收减免、劳动用工、政治待遇、后续服务等方面的一系列优惠政策制度，根据项目需要量身定制相关政策扶持措施。强化项目落地的后续建设、管理、服务工作制度，保障项目顺利推进、顺利投产，产生预期效益，保障亩均贡献考核目标实现。实行灵活的用地保障机制，探索实行工业土地出租等方式，确保重点产业项目专注于发展实体经济。

4. 完善人才保障机制

坚持"请进来"与"走出去"相结合，建立健全多元化的人才发展投入机制，积极引进"国千、省千、海归"人才。支持浙江大学、浙江工业大学、浙江工商大学、温州大学等高等院校以及科研院所在重点企业建立博士、博士后工作站，支持企业在本地、在大城市设立研发中心。进一步完善税收、贴息等优惠政策，鼓励和引导社会、用人单位、个人投资人才资源开发。积极探索与知名互联网企业合作，建设"互联网+"专业孵化平台，加快建成开放高效、充满活力的众创服务平台。降低人才引进门槛，出台人才配套政策，在户籍签证、住房保障、生活补贴、科研支持、子女入学、医疗保险、创业投资等方面实行倾斜政策，不断提高人才待遇，激发人才创业创新积极性。

5. 完善城市建设管理体制

发挥龙港新城开发建设中心在城市建设管理营运中的作用，高配机构行政级别，提高指挥调控能力。建立城市高质量发展决策咨询机构或工作机制，对涉及重大规划发展建设等一系列问题，充分听取专家意见建议，充分进行决策咨询论证。完善提升城市规划水平，优化城市空间功能布局，提升城市形象品位，充分考虑发展定位、自然生态、文化底蕴、城市精神、沿江面海、地上地下等自然人文因素，彰显现代化滨海城市的高端大气。提升城市项目建设管理水平，建立项目落地门槛、产业发展导向约束，以大项目、好项目推动大发展、高质量发展。加强项目建设现场管理水平，以严格的施工质量、环境标准倒逼项目建设高质量推进。加大城市管理力度，通过联合执法、日常巡查、突击检查等手段，开展工业土地清理、园区出租厂房整治、渣土运输整治等一系列活动，优化城市发展环境和生活生产秩序。着眼于省级开发区即将落地的实际，积极探索城市开发建设新模式新机制，积极引进战略投资者、城市开发建设专业团队参与城市开发建设，以股权合作、委托开发等形式，改变单纯依靠地方政府开发建设的思维，从开发建设城市理念转变到经营城市的理念上来。

龙港设市 与 区域高质量发展

承载国家战略的新起点[①]

一

龙港设市，对38万多龙港居民来说是一件大事，因为这一目标足足盼了几十年。龙港镇自1983年建立至今已经有36年历史。从1995年国家11个部委在龙港镇搞小城镇综合改革试点，到2009年时任温州市委书记邵占维提出强镇扩权改革，龙港镇被列入其中，再到2011至2019年龙港镇三轮被列入浙江省小城市培育试点，龙港一直就是推动设市的追梦人。随着浙江省省长袁家军在2019年1月27日省人代会上高调宣布推动龙港设市，梦想终于来了。

最想设市的人物当数陈定模。陈定模今年81岁，现为龙港巨人中学董事长，身体依然硬朗轻盈，思维依然充满睿智。他是1983年龙港建镇时的第二任镇委书记，1988年卸任。正是陈定模当年主政龙港时，不断推动龙港的一系列改革创新，使得龙港建镇一事成为邓小平时代高举改革开放旗帜的一个代表性符号。陈定模本人也成了中国改革开放的风云人物，龙港农民建城也成了"温州模式"的核心内容。

1988年退职之后，陈定模一度带领他的小伙伴们外出发展创业，足迹遍布

[①] 此文提出了新时期龙港撤镇设市是国家战略，以及设市后龙港、鳌江流域发展的重点所在。

国内。但也一直以龙港为家，是地地道道的龙港居民，金都别墅、巨人中学是他在龙港投资的两个项目。作为龙港镇——曾经的"中国农民第一城"的缔造者，如果在有生之年看到自己的"作品"升级发展，而成为县级市，对他来说无疑是一种无比自豪、无比欣慰的人生圆满。

二

龙港镇一直以来是苍南县的经济中心。一旦离开，势必会给苍南县的经济发展带来致命影响。很多年前，一提龙港设市，就有很多人反对，个中原因就是苍南县会重新变成贫困县，所以，提龙港设市在温州官场、苍南官场就成了一件很忌讳的事。

面对龙港不断膨胀的设市"野心"，以及由此带来不断飙升的房价，一度让苍南县领导颇为犯愁。最有意思的是，时任浙江省委书记的张德江，一次在温州调研时专门来到龙港镇，给当时龙港传言设市而导致狂热炒房的势头降温，明确告诫大家："龙港过去是个镇，现在是个镇，将来也是个镇。"领导暂时的泼冷水有一定效果，但并没有就此浇灭龙港设市这股永恒的火。

迎来转机的是，2013年李克强总理在全国新型城镇化工作会议上提出，在全国要搞1~2个镇列入新型城镇化试点。得知这一消息的苍南县领导，十分重视，明确提出要争取把龙港镇列入这一试点。在一系列主动对接之后，最终，龙港镇与吉林省安图县的二道白河镇列入了这次全国新型城镇化综合改革两个镇级试点单位，也就是外界盛传的所谓的"镇级市"。

经过3年的国家新型城镇化综合改革试点镇建设之后，就到了转正身份的时候了。这个时候，不是龙港自己想要设市，而是国家发改委认为条件已经成熟了，该报批设市了。龙港这次设市从某种意义上说，就是搭了这样的政策东风。

这次苍南县灵溪镇为什么不反对？原因是，这些年龙港镇经济发展缓慢，灵溪镇经济发展上来了，像苍南仪表厂、天信仪表厂、浙江维融等大集团、大企业都集聚在灵溪镇，苍南仪表厂还在香港上市。而且，灵溪镇作为县城所在地，城市化建设成就大大好于龙港镇，交通区位优势明显好于龙港镇，龙港镇开始被灵溪镇瞧不起。所以，兄弟你要分家，就随你吧！

三

设市没有令人羡慕的地方吗？当然不是。

这次龙港设市是设立县级市，首先直接受惠的当然是龙港的居民。城市建设和管理当然要按照县一级的标准去运作，龙港十分落后的镇容镇貌有望迎来转机，原来居民问镇长敢下水游泳吗？接下去可能会变成市长邀请市民一起游泳了。原来居民要跑到灵溪镇的苍南县行政审批中心办事，现在可以在家门口办事，从"最多跑一次"变成不用跑远路了。原来龙港干部群众心中老是记挂的"小马拉大车"，也会变成"大马拉大车"了。自己创造的财政税收，也不要再通过统筹支援贫困的"兄弟姐妹"了。

但是，这些都是镇变成市之后，可以直接感受到、直接算计到的好处和便利。其实，从深一层分析，龙港设市最大的亮点不是这些，而是新型城镇化的先行先试，是管理体制机制的改革创新，特别是机构设置。

从目前龙港市机构设置的预备方案来看，显然是一个扁平化的管理架构，龙港市委、市政府直接管理村。在市与村之间设置一个叫中心社区的机构，这个机构不是一级政府，只是市委、市政府有限职能的派出机构，起到服务片区居民的作用。

很多人看不懂，为什么要这样设置？

其实，龙港设市，行政区域面积没有变，还是原来龙港镇的辖区。1983年龙港建镇，当时是一个很小的区域，还有龙港区公所存在。后来进行了两次比较大的乡镇撤并，把周边很多乡镇划入龙港镇，逐渐做大了规模。一次是2000年把湖前镇、平等乡、江山乡并入；另一次是2011年，把舥艚镇、芦浦镇、云岩乡并入龙港，才有了今天这么大的体量。但是，再怎么大的体量，与南边苍南县、北边的平阳县相比，无论是人口、区域面积，个头还是矮了一大截。如果照抄苍南县、平阳县的机构设置模式，显然与管理学上讲的"管理层级设置要与管理幅度相适应"的一般性原则相违背，势必造成机构臃肿、人浮于事。

县级市直管村,这个做法是一个创举,也是新型城镇化的一个探索。

国内部分开发区、工业园区在实践中有这样类似的探索,但是,县级行政区可能还是头一遭。而这次在龙港市进行这样的先行先试,有几个前提:第一个是龙港市总体规模不大,实际上就是一个大镇,管理幅度有限;第二个是刚刚这次温州市统一的村居撤并,村居数量减少一半,规模增大一倍,基层组织的基础得以夯实,为"市直管村"扁平化管理创造了条件;第三个是在市与村之间设置了缓冲,即设置了类似的中心社区,承担起市级党委、政府的部分服务职能,有利于上下之间的协调沟通和顺畅运作。

这样设置机构,目的只有一个,就是在保证行政管理效能的同时,又不至于产生过大的振动。但究竟能不能达到预期目标,还有待于实践检验。卫星飞上天,当然要带着种子去实验。龙港市这一体制机制上的先行先试,不仅为自身,也担负着为国内其他类似地区提供实践经验和理论借鉴的任务。

四

当今时代,区域一体化方兴未艾。温州南部鳌江两岸一体化发展已经提上了议事日程。2017年2月28日,时任温州市委书记周江勇在温州市第十二次党代会报告中明确提出"要推动鳌江两岸一体化发展"。

鳌江两岸,包括苍南县、平阳县和即将设立的龙港市三个县级行政区,区域面积近2300平方公里,人口230万左右,2018年GDP近1000亿元,显然,这一区域是未来温州市实现高质量发展的战略性平台。龙港市正处在鳌江两岸的核心,南边是苍南县,北边是平阳县。苍南县提出要打造"浙江美丽南大门、温州大都市区南部第一副中心",平阳县提出要打造"温州大都市区南部副中心",那么,龙港市呢?

一些人认为,推动鳌江两岸一体化发展,最好的方案就是龙港与鳌江两个镇合并,设立一个副地级的中心城市,以此来带动鳌江两岸的发展。这样,城市化、区域一体化、温州南部崛起都可以兼顾。

一些人看不明白,既然要推动鳌江两岸一体化发展,为何鳌江两岸的行政区

龙港设市 与 区域高质量发展

越分越细,从原来一个平阳县变成平阳、苍南两个县,再到现如今变成平阳、苍南、龙港三个县级行政区呢?

鳌江与龙港合并这是趋势,但不是现在。细分与一体化就一定矛盾吗?也未必。区域发展之中,某一个局部地区实现率先崛起,对区域整体发展、一体化发展会起到虹吸效应、鲶鱼效应。龙港设市所带来的思路突破、政策资源、改革红利、制度创新、品牌效应,不但有助于龙港自身的高质量发展,必然会传递到整个区域,带动区域一体化发展,就好比房价一样,上海市房价涨了,也必然会带动周边如昆山、嘉善等地房价的上涨。所以,从这个意义上讲,龙港设市恰恰是迈向鳌江两岸一体化发展的关键一招。

但是,龙港设市的价值,肯定不只是着眼于鳌江两岸,更应该是新时期国家探索新型城镇化的一种实践、一种创新。所以,龙港设市具有国家层面的意义,其发展战略的制定亦应该贯彻国家取向、改革意图。

五

这些年,龙港镇发展一直在徘徊,有"小马拉大车"的因素,但更多的是人为因素,而不仅仅是权力、资源等外在性因素。

比如,龙港镇一直抱怨一个40多万人口的大镇,却只有10来个交警编制,交通秩序不好管理。这话有道理,也没有道理。10来个交警编制,确实是"小马拉大车"因素在制约,但是,龙港镇除了这10来个交警在管理之外,另外还配备了一支百人以上规模的协警队管理交通,这个队伍足以管好龙港镇的交通秩序,但遗憾的是,龙港的交通秩序依然是一塌糊涂,这就不是缺人的问题,而是缺会管理的人的问题。一些协警平日里站在红绿灯下,却低头看着手机,这怎么能够管好交通呢?

深圳的发展历史也不长,可是发展速度惊人。究其原因,除了大量国家政策资源支持外,一个重要经验就是大量引进人才,靠人才来推动发展。35年前龙港建镇,当时也一无所有,要实现快速发展靠什么?靠吸引苍南县江南片的金乡、钱库、宜山等地的大批"万元户"进城发展创业,"万元户"就是那个时代的人才。这些能人脑子灵活，又有资金，因此，龙港镇一下子就发展起来了。

　　但是，现在已经今非昔比，人才不会无缘无故集聚龙港市。给政策，其他地方人才政策比你好得多；比环境，你能比得过大城市吗？怎么办？可以从两个方面考虑吸引人才：一是发挥龙港新城空间平台优势，引进大项目，让人才跟着大项目来。这一点慈溪的杭州湾开发区引进上海大众整车生产基地项目继而带动整个开发区的发展，就是很值得学习的例子；二是发挥龙港设市这一品牌优势，像乌镇一样把品牌优势化成发展资源优势，对接国家级、国际性的发展论坛之类在龙港市永久性落地，以此吸引世界级人才、资源、项目直接落地龙港市，实现跳跃性发展。乌镇绝对想不到几间旧房子，会包装成为中国旅游黄金宝地，继而成为"世界互联网大会"永久性会址。宁德也想不到几个央企大项目落地，会让昔日的山城变成活力之城、魅力之城，"宁德时代"还成为中国新能源电池的一哥。

　　龙港设市，也许就是承载国家战略的新起点。

2019 年 5 月

基层治理扁平化改革研究[①]

一、关于总体要求

1. 重大意义

市域治理在国家治理全局中居于十分重要的地位。新生的龙港市是"温州模式"创新发展的代表，是全面深化改革的先行区，担负着探索国家新型城镇化综合改革的战略任务，担负着探索"市直管村"基层治理扁平化改革的战略任务。2019年9月，浙江省委书记车俊在龙港市挂牌仪式上指出，龙港市要打造成为"市场化建城引领区、基层治理改革创新实践区、民营经济创新发展示范区"，努力建设成为新型城镇化样本。2019年10月党的十九届四中全会做出《中共中央关于坚持和完善中国特色社会主义制度、推进国家治理体系和治理能力现代化若干重大问题的决定》，为实现我们党长期执政和国家长治久安、实现中华民族伟大复兴"中国梦"提供了根本制度保障。在这样的背景下，龙港市第一次党代会正式作出推进"市管村居、分片服务"基层治理扁平化改

[①] 此文是2020年1月为龙港市委基层治理委员会研究并起草的《推进龙港市"市管村居、分片服务"基层治理扁平化改革研究》的主要观点，供其决策参考，但不是龙港市委基层治理扁平化改革的最终方案。浙江大学公共管理学院院长郁建兴教授、温州市委政策研究室室务会议成员黄朝钦、苍南县委"最多跑一次改革办公室"副主任缪克先等对该研究成果提出了部分修改意见。

革、努力打造"全国基层治理改革创新实践区"的决定,意义重大,任务紧迫。全市各级党组织和广大党员干部要把思想和行动统一到市委的决策部署上来,坚持改革创新,坚定制度自信,增强行动自觉,强化责任担当,不断开创市域治理现代化新局面。

2. 指导思想

坚持以习近平新时代中国特色社会主义思想为指导,深入学习贯彻落实党的十九大精神、十九届四中全会精神、浙江省委十四届六次全会精神、温州市委十二届九次全会精神和龙港市第一次党代会精神,以国家新型城镇化综合改革为统领,积极探索实践"大部制、扁平化、低成本、高效率"的新型设市模式,全面推进"市管村居、分片服务"基层治理扁平化改革,不断提升市域治理现代化水平,努力打造"全国基层治理改革创新实践区",为龙港市形成可借鉴、可复制、可推广的新型城镇化综合改革"全国样本"奠定坚实基础。

3. 基本原则

坚持党的领导。东西南北中,党是领导一切的。要适应新时代中国特色社会主义的发展要求,健全保证党的全面领导制度,全面贯彻落实"共建、共治、共享"的社会治理制度,确保基层治理改革工作始终保持正确的政治方向。

坚持重心下移。通过优化组织架构设置,合理划分条块职能,推动市级部门"机构下沉、人员下沉、职能下沉",公共服务事项端口前移,推动社会治理和服务重心向基层下移,不断增强基层组织统筹协调能力,不断夯实基层治理基础。

坚持共建共享。发挥基层自治组织以及各类社会力量的重要作用,引导社会力量有序参与基层治理,拓宽人民群众反映意见和建议的渠道。坚持自治法治德治"三治融合"、社区社工社会组织"三社联动",更好地实现共治、共建、共享。

坚持造福群众。顺应人民群众日益增长的美好生活需求和愿望,以新型城镇化综合改革为统领,破除制约基层治理的体制机制弊端,全面提高政府工作效能,全面改善生产生活生态环境,切实提升人民群众的获得感和幸福感。

4. 主要目标

分两步走：第一步，通过两年努力，按照"一区五城"的战略部署，以国家新型城镇化综合改革为统领，围绕打造"全国基层治理改革创新实践区"这一目标，推进基层治理，各领域、各环节改革全面突破，初步建立起精简高效、运转顺畅的"市管村居、分片服务"扁平化基层治理组织架构和制度体系。第二步，在此基础上，通过10年努力，"市管村居、分片服务"这一扁平化基层治理模式日臻成熟，"全国基层治理改革创新实践区"基本建成，为龙港市建设成为新型城镇化"全国样本"奠定坚实基础，基本实现市域治理现代化。

二、关于构建"市管村居、分片服务"基层治理体系

1. 建立"市管村居、分片服务"基层治理组织架构

考虑龙港市人口、面积等实际情况，设置"市管村居、分片服务"基层治理组织架构。在市这一层级成立市委基层治理委员会，列入市委组成机构之一，在市委的领导下，主管市域社会管理、社会建设、社会服务工作，担负着探索实践"市管村居、分片服务"基层治理扁平化改革、打造"全国基层治理改革创新实践区"这一任务。市委基层治理委员会主任由市委常委兼任。在市与村居之间，不设置乡镇（或街道）一级政权组织。考虑到方便群众、提高效能，在市域空间范围内划分设置9个片区，由市委设置片区党工委，由市委基层治理委员会派出设置片区服务中心。片区是无固定编制、非独立法人的机构，其财政预算和人员编制纳入市委基层治理委员会，其日常工作受市委基层治理委员会领导管理、监督考核。片区党工委书记兼任市委基层治理委员会副主任。适应市域治理现代化发展要求，片区的数量、职能及人员配备予以适时调整。

2. 推动部门"机构、人员、职能"下沉

按照"重心下移、属地管理"原则，根据基层治理工作需要，有序推动市级部门"机构、人员、职能"下沉到片区，在基层一线开展执法、管理、

服务,以降低行政成本、提高工作效能、夯实基层基础、方便群众生活。市公安局在片区设立派出所或警区,市监局、市综合执法局派执法中队入驻片区市监平台、综合执法平台,其他职能部门下沉力量到片区相应工作平台。加大人员编制向片区倾斜力度,刚性执行"编随事走,人随编走"的机构编制管理原则,包括综治、市监、综合执法、便民服务等职能所涉及的市级有关部门原则上下沉工作人员数量占部门单位总编制人员的三分之一以上。要选派优秀年轻干部下沉到基层工作,其中,35岁以下干部不少于50%,大专以上学历不少于70%。落实"两个20%"的部门下沉干部激励政策,即经济待遇上浮20%,年度优秀比例上浮20%。下沉片区工作时间计入个人基层工作经历。

3. 理顺下沉部门与所在片区权责关系

按照责权利、人财事相配套的要求,推动"四张清单一张网"向片区延伸。从制度上优化、梳理、落实好部门与片区的工作职责,确定各类权力清单、服务清单,厘清部门与片区职责边界和职权事项。对直接面向基层一线、量大面广、由片区管理更方便更有效的各类事项,一律依法下放到片区,做到权随责走、费随事转。部门派驻片区机构负责人任免要事先征得求片区党工委的书面意见,再由所在部门任免。部门下沉人员由所在片区进行日常管理和年度考核,考核结果与奖惩待遇、职务晋升直接挂钩。部门下沉人员年度考核优秀比例在片区单列,年终考绩奖根据部门与片区的年终考核等次,取平均值发放。建立下沉干部召回制度,对不服从片区管理或工作表现较差的,由片区党工委提出建议,由所派部门负责召回,并报纪检监察、组织部门备案。

三、关于充分发挥片区在基层治理中统筹协调作用

1. 配强片区领导班子和干部队伍

按照"一套班子、两块牌子"、党政交叉任职的原则,配强片区领导班子。每个片区设党工委书记1名,委员4名;每个片区服务中心设主任1名,副主

任4名；片区党工委书记同时兼任片区服务中心主任，片区党工委员兼任片区服务中心副主任；片区党工委书记（服务中心主任）按照正科长级配置，一般担任市委委员；片区党工委委员（服务中心副主任）按照副科长级配置。片区党工委书记和委员由市委任命，片区服务中心主任、副主任由市政府任命；片区中层干部由片区党工委研究，报市委基层治理委员会任命。同时，完善片区内设机构设置，设置片区中层职数6名，按照正股级配置，对应负责"五大模块"平台和综合信息指挥室。要把政治素质优秀、文化程度高、工作能力强、群众口碑好的年轻干部优先配置到片区工作，其中，大专以上学历不少于70%，35岁以下不少于50%。片区干部享受"两个20%"待遇，在片区工作满5年且考核合格以上可以优先交流到市直机关工作，表现突出的予以优先提拔使用。

2. 厘清片区管理服务工作职能

按照"经济发展、城市建设等职能上移，社会治理、社会服务等职能下沉"的原则，进一步厘清片区工作职能，明确片区社会治理职能清单、部门职能转移清单、便民服务事项清单。片区主要职能是：负责指导辖区村社组织、全科网格、企业、社会组织等党的建设和管理工作，抓好自身组织建设和党的建设工作；负责辖区村社社会治安、安全生产、信访维稳、矛盾调解等社会管理工作；负责指挥、协调、管理"五大模块"工作；承担辖区村社群众低保、医保、社保、计生、殡葬等各项社会服务事项的办理；负责辖区环境综合整治、公共服务设施等小型民生服务项目建设；协助职能部门做好辖区教育、文化、卫生、民政、体育、环保、交通等社会事务工作；协助职能部门做好辖区投资建设项目的政策处理等工作。

3. 打造片区基层治理服务综合体

9个片区分别按照党建、综治、市监、综合执法、便民服务"五大模块"设置片区管理服务职能，建立片区基层治理服务综合体。同时，通过政策扶持、购买服务、孵化培育，吸引包括养老、医疗、教育、助残、人民调解、民事仲裁、法律服务、应急救灾、心理咨询、临终关怀、婚姻家庭、退伍军人、艺术创作、姓氏理事会等各种公益类、准公益类社会组织、专业社工、服务机构入驻。基层治理服务综合体内设置便民服务大厅、协商议事厅、矛盾调解室、文体活动室等功能，打造成为老百姓表达诉求、协商议事、化解矛盾、享受公共服务的开放性共建共治共享综合体。同时，根据所在片区经济社会、资源禀赋、文化风俗差异，适当调整模块功能设置、机构入驻及人员配备。两年内全市9个片区全部建成基层治理服务综合体，成为推进"市管村居、分片服务"基层治理扁平化改革的一项标志性举措。

4. 强化片区基层治理统筹协调能力

依法赋予片区承担职责相适应的权力，提高片区调控力、执行力。片区要把工作重心放在加强党的基层组织建设，统筹协调区域公共服务、公共管理和公共安全等基层治理工作，加强村社治理和提升服务居民能力上来。建立片区"五大模块"联席会议制度，片区党工委书记为召集人，党工委委员、内设机构负责人、派驻机构负责人为联席会议成员，对基层治理"五大模块"实行统筹管理和协调指挥。建立片区分流交办机制，解决多头投诉、重复答复的问题，将片区综合信息指挥室梳理收集的信息事项分派给"五大模块"办理，实行统一受理、统一分流、统一督办、统一反馈、统一考核。建立片区执法协调指挥机制，解决部门执法不畅问题，指挥协调综合执法、国土资源、住建、水利、环保、安全生产、市场监管等部门执法队伍，形成片区统一领导、部门常态协作的良好格局，增强行政执法工作合力和整体威慑力。

四、关于以"全科网格"建设夯实基层治理基础

1. 合理划设市域"全科网格"空间

按照有利于精细化管理、有利于资源整合、有利于管理职能落实的原则，科学合理划分网格，构建起全市统一的基层社会治理网格体系，实现资源整合、多方协作、多网合一、一网联动。龙港市行政区划面积183.99平方公里，户籍人口38.2万，下辖102个村居，按照市域治理扁平化改革要求，全市设置9个片区，平均每个片区辖约20平方公里面积、4.3万多人口、11个村居。综

合网格设置一般原则和市域的现实情况,把原有部门设置的"七网八网"整合成基层社会治理的一张"全科网格",在每个片区管辖范围内跨越行政村,重新统一设置4个"全科网格",作为市域基层治理的最小单元,全市统一设置36个"全科网格"。

2. 清晰界定"全科网格"事务清单和工作职责

将矛盾纠纷类、治安安全隐患类、党群事务类、民生服务类、其他中心工作等5大类57项涉及基层社会治理的事项纳入"全科网格"进行管理。建立"全科网格"事务准入制度,相关部门要主动融入对接"全科网格"工作。"全科网格"的工作职责主要是:宣传党的路线方针政策、法律法规;了解社情民意和民生诉求,走访重点人员和重点场所,掌握网格的基本情况和有关信息;及时排查并化解各类矛盾纠纷、信访事件和问题隐患;协助做好流动人口和出租房服务管理工作,做好重点人员的教育管理,积极开展各类创建活动,指导群众落实治安防范措施,积极预防和制止各类违法犯罪活动;落实交通、消防、安全生产等安全隐患排查整治措施,及时上报重大安全隐患,参与食品、药品、环境等安全监管;开展市场监督管理、综合行政执法工作;为群众提供多种形式的便民服务,办理各类政务及便民服务事项,提供便民代办业务,为特殊人群及弱势群体和救助对象提供服务。

3. 进一步强化"全科网格"力量配置

按照力量向网格倾斜、工作在网格一线的要求,每一个"全科网格"力量配置如下:1名网格长,由片区党工委委员(兼片区服务中心副主任)担任,每个片区配置4名党工委委员(兼片区服务中心副主任),分别担任4个"全科网格网"网格长;1~3名专职网格员,设置专职网格员基本条件,包括学历、年龄、居住地等条件要求,通过公开考试择优录取,原则上按照每个行政村居配备一名专职网格员,通过政府购买服务形式,保障专职网格员薪酬待遇,逐步建设一支政治强、业务精、作风正的工作稳固的专职网格员队伍;多名兼职网格员,由进驻片区的部门工作人员、片区警察或辅警、片区干部和所在"全科网格"内党组织的支部书记或行政村居负责人等担任;一定数量的志愿者,通过政策扶持、引导各类社会组织、社会机构、志愿人员进入"全科网格"提供服务。定期加强对网格员的业务培训，不断提高网格员履职能力。

4. 健全"全科网格"工作运行机制

建立市委基层治理综合指挥中心，指挥中心设在市委基层治理委员会，配置专门的办公设备、人员和大屏幕显示系统。落实"全科网格"工作日通报、周研判排名、月分析例会机制，通过大数据分析，做好苗头性问题预警，协调部门、片区、网格员，指导"全科网格"工作有效推进。构建市、片区、网格三级"全科网格"微信群，鼓励社会力量提供有价值信息。与草根网媒探索合作机制，实现借势借力，引导社会舆论。建立并完善信息采集、上报、流转、办理、反馈、监督等一整套闭环工作运行机制，建立重大信息过错倒查责任追究机制。制定"全科网格"工作考核奖惩办法，由市委基层治理委员会负责对"全科网格"工作、入驻人员（包括网格长、专兼职网格员）的考核，考核结果与收入待遇、评先评优和使用晋升直接挂钩。

五、关于实现村社自治、德治、法治"三治融合"

1. 完善党建引领的村社治理体系

做好村社融合"后半篇"文章，加快推进组织融合、人心融合、"三资"融合，促进撤并融合后的村社组织有效协调、顺畅运转。落实村社事务准入制度，制定村社组织依法依规履行和协助党委、政府工作事项清单。完善以村社党组织为领导核心，村（居）委会为主导，村（居）民为主体，村社务监督委员会、村社股份经济合作社、驻村社社会组织等共同参与的村社治理体系。推行村社组织书记、主任、股份经济合作社社长"一肩挑"，支持村社党组织班子成员通过依法选举当选村（居）委会成员，建立村社党组织书记市级备案管理制度。落实村社党组织书记、村（居）民委员会主任工作报酬正常增长机制及勤政廉政激励机制。深入拓展区域化党建，吸纳辖区单位机构党组织负责人以及业委会、物业企业的党员负责人担任村社党组织兼职委员。完善村社党组织书记主持村社务联席会议制度，加强对村社事务的统筹协调。完善村社务监督委员会每年向片区党工委、村社党组织和村（居）民代表会议报告工作制度。推进村（居）委会与村社股份经济合作社功能分离和经费分账管理使用制度。

2. 形成自治、法治、德治"三治融合"机制

探索建立村社党组织领导下的多方联席会议制度，形成以民情恳谈会、事务协调会、工作听证会、成效评议会等"四会"为重点的共治机制。推进民主管理，健全自治章程，强化村（居）民自我管理、自我服务、自我教育、自我监督。探索建立"一约二会三团"工作机制，动员和组织广大群众积极参与社会治理。深化城乡社区、社工、社会组织"三社联动"，提升社会组织承接公共服务能力和参与基层治理能力。推动志愿者服务常态化、规范化、专业化，健全志愿者服务激励保障机制。广泛开展普法教育宣传，深入开展"民主法治村社"创建，完善一村社一警察一律师制度，加强人民调解组织建设，进一步增强群众学法守法用法的自觉性。深入实施公民道德建设工程，开展"最美"系列评选活动，推动城乡环境持续改善，促进乡风文明。以党群服务中心、农村文化礼堂、社区服务中心、文体中心为主阵地，广泛开展各种群众喜闻乐见文艺活动，进一步夯实基层治理文化基础。要保护好城市社区文化遗产和历史记忆，保护传统村落、传统建筑、古树名木，挖掘农村传统文化和历史人文资源，传承村史村训，留住乡愁乡情。

3. 提升村社公共服务精细化水平

加快"最多跑一次"改革向基层村社延伸、公共场所覆盖，加强村社代办点标准化建设，深化"瓯e办"便民服务终端应用，完善"就近能办"机制。健全村社公共服务清单，优化村社公共服务流程，全面推行首问负责、一窗受理、全程代办、服务承诺等制度，完善错时上下班、节假日轮休等工作制度，方便群众办事。探索建立村社公共空间综合利用机制，合理规划建设文化、医疗、教育、养老、体育、商业、物流、环保、休闲等服务设施，鼓励和引导民间资本、集体经济组织参与投资经营村社服务业，改善生产生活生态环境。积极开展以生产互助、养老互助、救济互助等为主要形式的村社互助活动，方便居民生产生活。通过公益创投、项目奖励、资金补贴等方式，支持社会组织在村社开展"微治理、

微服务"创投活动。实施家园志愿服务计划，全面落实在职党员到村社报到服务，开展"点亮微心愿"等活动，为群众解难事、办实事。5年内通过购买、新建、改装、租住等方式，确保每个村社办公及公共服务用房面积不少于1000平方米，每个村社设立"幸福邻里中心"。积极推进"未来社区"试点建设，探索创新城市社区治理新模式。加强社工队伍建设，每个城市社区配置6~8名专职社工，每个农村社区配置1名专职社工，5年内全市培育一支150人左右的社会工作领军人才队伍。

六、关于动员社会组织力量参与基层治理

1. 培育壮大城乡各类社会组织

按照"积极培育、重点扶持、加快发展、逐步规范"的工作思路，探索创新社会组织培育发展模式，力争在5年内建立起与经济社会发展相适应的基层社会组织体系。扩大社会组织直接登记范围，降低登记门槛，对符合登记条件的社会组织，按照相关法律规定进行登记，对尚未达到登记条件，但活动正常且符合城乡居民生活需要的社会组织实行备案管理。重点扶持发展公益服务类、社会事务类、文化体育类、慈善救助类、合法权益保护类、促进社会和谐融洽类等社会组织。拓展农村社会组织发展服务领域，重点建立和规范共建理事会、和谐促进会、乡贤参事会、姓氏理事会等融合型社会组织。在9个片区建立9个社会组织服务中心，通过提供专业管理和优惠政策支持，加大对社会组织服务力度，孵化培育一批社会组织。健全社会组织人才培养政策，将社会组织带头人纳入党管人才工作。5年内全市新登记和备案的社会组织达到1000个以上，平均每个村社10个以上；枢纽型、支持型社会组织覆盖每个片区；民办社工服务机构达到9家以上，每年选树一批优秀社工服务项目和案例。

2. 完善政府购买社会工作服务机制

建立健全政府购买社会工作服务政策制度，建立完善的社会工作服务标准体系，形成协调有力的政府购买社会工作服务管理体制以及规范高效的工作机制。加大财政投入力度，逐步拓宽政府购买社会工作服务范围，扩大政府购买社会工

作服务规模,提升政府购买社会服务工作质量。加快培育一支高素质的社会工作专业人才队伍,发展一批数量充足、治理科学、服务专业、作用明显的社会工作服务机构,提高其承接政府购买社会工作服务的能力,使社会工作服务的范围、数量、规模和质量适应经济社会发展要求,有效满足个性化、多样化、专业化社会工作服务需求。结合政府职能转变,制定政府购买社会工作服务指导目录和具备承接政府职能转移资质的社会组织指导目录。建立政府购买社会工作服务公共平台,完善购买社会工作服务机制、流程和绩效评估办法,鼓励和引导社会组织跨区域承接政府购买服务项目。探索建立公益创投机制,支持初创期社会组织发展。

3.加强对社会组织的引导与管理

创新思路,分类指导,切实加强社会组织的党建工作,确保社会组织沿着正确的方向发展。发挥工会、共青团、妇联等人民团体的枢纽作用,加强对职工服务类、青年类、妇女类等社会组织的联系、服务和引领。加强社会组织分类管理指导,健全社会组织评估机制,建立健全政府监管、社会监管与社会组织自律相结合的综合监管体系。引导社会组织建立健全内部章程、人员管理和活动规则等自我管理机制,发挥社会组织对成员的行为引导、规则约束和权益维护作用。加大对基层社会组织工作人员特别是负责人的培训力度,提高基层社会组织整体能力素质。开展优秀社会组织评选表彰活动,加大对社会组织正面效应的宣传力度,充分发挥先进典型的引领示范作用,为基层社会组织发展创造良好的社会环境。完善社会组织行政约谈、预警监察等机制,健全社会组织退出机制。

七、关于推动基层治理数字化转型

1.构建基层治理大数据平台

充分运用互联网、大数据、物联网、云计算、人工智能、区块链等技术,加快推进"智慧城市"建设,积极构建"城市大脑",推动基层治理数字化转型。按照资源节约、协同共享、安全可控的原则,以基础和专题信息数据交换共享为重点，依托浙江省基层治理综合信息平台、"智慧城市"建设云计算中心，推进跨部门、跨层级、跨领域的数据信息互联互通，加快构建市域基层治理综合信息大数据平台和工作机制，实现人口、法人、地理空间、信用等各类数据在城乡贯通共享，不断提高治理智能化、精细化水平。完善大数据平台信息隐私保护机制，提升关键数据信息基础设施安全保障能力。建立管理责任体系，明确数据采集、存储、管理、共享、使用等环节的责任和权限。落实数据采集责任制，确保数据采集的真实性、完整性和及时性。建立数据应用追溯机制，确保数据管理有章可循、有规可依。

2. 提升基层治理数字化水平

依托基层治理综合信息大数据平台，实施"互联网+基层治理"行动计划，开发基层治理App，加快建成"掌上办事、掌上办公"基层治理服务工作机制。依托政府服务网，推动"最多跑一次、最多跑一地"改革向片区、村社延伸，推行"一窗口受理、一平台共享、一站式服务"，方便群众办事。加强对"全科网格"管理的信息化支撑，规范形成集事件受理、分析研判、分流处理、调度指挥、督办反馈于一体的运行机制。推进"智慧村社"建设，加快互联网与村社社会管理、公共服务体系的深度对接，利用移动互联网、新媒体等技术，及时收集和反映民意，推进服务便利化、管理智能化、生活现代化。实施"雪亮工程"，完善公共视频共享平台建设，实现视频信息共享运用。构建社会化信息服务应用体系，大力培育面向基层群众需求、由市场主体开发的互联网应用服务平台，为市民提供个性化服务。

八、关于形成基层治理强大工作合力

1. 强化组织领导

市委、市政府成立推进"市管村居、分片服务"基层治理扁平化改革工作领导小组并下设办公室，办公室设在市委基层治理委员会。市委书记任组长，市委副书记、市长任第一副组长，市委常委、市委基层治理委员会主任任副组长兼办公室主任，市直有关部门负责人、各片区党工委书记任成员。加强对改革工作的统一领导,建立改革工作协调和推进机制,及时解决突出问题。市人大、市政协要发挥各自职能,围绕改革工作开展调查研究、建言献策、监督检查。市直各部门、各片区要结合实际,抓紧制定配套改革工作方案,细化内容举措,制定路线图,排出时间表,切实承担责任履行职责,确保各项改革举措落到实处。

2. 强化政策研究

推进"市管村居、分片服务"基层治理扁平化改革是推进新型城镇化综合改革的重要步骤,没有现成答案,需要在实践中先行先试。为此,需要借助高端智力,加强理论研究、政策研究,为改革实践提供指导。要积极争取中央和省、市委政策研究部门的支持。要积极与浙江大学、浙江工业大学、温州大学等高校的专业研究机构开展战略合作。要通过政府购买服务形式,委托有实力的专业研究机构、研究团队开展项目研究。要发挥好市委基层治理委员会研究中心的作用。设计精准方案,科学评价绩效,争取政策突破,推动改革工作取得实效。

3. 强化财政保障

市推进"市管村居、分片服务"基层治理扁平化改革工作领导小组办公室预算改革工作所需日常费用,由市财政拨付专项资金支持推动改革。市直有关部门、各片区按照各自改革责任分工要求,逐项逐年排出具体工作、具体项目预算经费清单,报市财政统一安排落实,确保每年改革工作经费递增20%以上。同时,积极包装对接上级改革发展项目,争取政策、资金支持。积极引导和鼓励社会力量、村社集体经济组织、民间资本参与投资经营改革所涉及的城乡建设项目。

4. 强化监督考核

制定推进"市管村居、分片服务"基层治理扁平化改革工作职责任务分工、绩效评价指标体系和考核奖惩工作制度。市推进"市管村居、分片服务"基层治理扁平化改革工作领导小组办公室负责改革工作的部署指导、检查监督、考核奖惩。创新考核方式，树立群众评价、群众满意的工作考核导向，推进以上级考核为主向上级考核、群众评价并重转变。积极发挥"两代表一委员"在考核中的作用。大力宣传改革实践中涌现出的先进个人、工作典型、创新经验，集聚改革正能量，形成良好改革氛围。

龙港设市 与 区域高质量发展

关于"龙港精神"的几点建议[①]

一、关于城市精神及其所发挥的独特作用

一个国家需要伟大的民族精神,一个城市同样需要有自己的城市精神。西方著名学者斯宾格勒认为:"城市精神是一座城市在向世界展示它的人文与自然风貌的同时,所展现出来的独特的、内在的风韵,是一座城市的灵魂,是这座城市中各个群体的一种主体风貌。城市精神应该是多元的、丰富的、精彩的,它所表现的不仅仅是这座城市现在的精神风貌,还将充分体现这座城市的历史文化底蕴和未来发展图景。"

如斯宾格勒所说,城市精神是一座城市的灵魂。它凝集了一座城市的历史传统、文化底蕴和时代风貌,集中反映了市民的思想观念、道德风尚和价值追求。一座城市如果没有精神,就犹如一个人没有了灵魂一样,没有了奋勇争先、创造奇迹的力量源泉,在发展的时代大潮中往往找不到准确的核心价值定位而迷失方向。一座城市只有打造出自己独特的城市精神,才能对外树立形象、对内凝聚人心,使全市上下团结一致,实现合力发展。

1. 城市精神代表城市的整体形象

城市精神是城市的关键词,是城市的浓缩画,是城市的主基调,诠释着一

[①] 此文是 2020 年 3 月参与龙港市委宣传统战部组织提炼"龙港精神"提出的建议观点。

座城市最重要、最核心、最根本的历史观、价值观、发展观,是深深烙印在人们心中的认知和判断。它代表一座城市的整体形象、整体感知。精准个性的城市精神往往能够迅速提升这座城市的知名度、美誉度和影响力。比如,杭州的城市精神——"精致、和谐、大气、开放",一座历史悠久、文化深厚、环境优美、发达开放的现代化大都市形象跃入脑海、跃然纸上。

2. 城市精神彰显城市的特色风貌

一方水土养一方人。每一座城市都有其不一样的自然禀赋、历史传统、文化传承,而不同的自然禀赋、历史传统、文化传承,会孕育出不一样的城市性格、城市气质、城市风貌,提炼出的城市精神自然也会不一样。比如,重庆的城市精神——"登高涉远,负重向前",就体现了大山大江这一核心自然人文要素。大山是重庆的傲骨,大江是重庆的柔情,二者决定重庆人的生存方式,孕育重庆人的文化特色,塑造重庆人的性格特征,显然,这座城市的精神特征源自大山大江的滋养与哺育。

3. 城市精神引领城市的未来发展

城市精神是这座城市的灵魂,必然协调人们行动的一致性,激励、引导着人们为实现一个共同的未来发展目标而努力奋斗。比如,上海的城市精神——"海纳百川、追求卓越、开明睿智、大气谦和",这一城市精神为上海打造"五个中心",即世界经济中心、世界金融中心、世界贸易中心、世界航运中心、世界科技创新中心,并提供强大精神动力和发展力量引领。

城市精神与城市发展相生相伴。一座城市的形成和发展,造就了这座城市独特的精神,而这座城市精神也真实地反映出这座城市的经济发展水平和社会文明程度,对这座城市未来的发展起着十分重要的推动作用。这种作用体现在以下三个方面:

导向作用。城市精神犹如一面旗帜,能把市民的行为引导到城市所崇尚的行为目标上来。城市精神提倡什么,市民就会重视什么,往往比规章制度更为有效。它是以其共同的价值取向规范人们的行为,在潜移默化中形成统一的意志和信念,在全社会形成共同理想和精神支柱,形成良好的社会风气。

凝聚作用。城市精神是一座城市的"精、气、神",这种"精、气、神"犹如一种"黏合剂",它能凝聚各方力量、调动各方积极性,形成共同的意志和精神追求,使全体市民心往一处想,话往一处说,劲往一处使,同心同德,朝着一个共同的目标迈进。

动力作用。城市精神是一种强大的精神动力,它能把人的归属感、责任感、自豪感激发出来,进而促使人产生一股强劲的进取精神。这种进取精神是物质因素或经济杠杆难以取得的。如果一座城市没有精神,就像一个人没有了主心骨一样,也就没有了那种敢闯敢拼、奋勇争先、坚韧不拔、舍我其谁的精神状态。

二、关于"龙港精神"的城市特性分析

提炼"龙港精神",首先必须了解龙港这座城市的主要特性,充分了解这座城市的过去、现在和未来,充分了解这座城市的资源禀赋、历史积淀、文化根脉、城市性格,充分了解上级对这座城市发展的要求、群众对在这座城市里生活创业的期盼,尤其是深刻把握这座城市区别于其他城市不一样的特质。

龙港市地处浙江省八大水系之一的鳌江入海口南岸,东濒东海,南依苍南县江南平原,北邻平阳县鳌江镇。104国道、沈海高速公路及复线贯穿境内。属亚热带海洋性季风气候,冬暖夏凉,年平均气温17.9℃。水产资源丰富,盛产石斑鱼、梭子蟹、小黄鱼等珍贵水产品。至2018年底,龙港市陆域面积183.99平方公里,下辖9个片区102个村居,户籍人口38.2万,GDP299.5亿元,人均GDP列温州市第4位。

龙港市既是一座新生的城市,又是一座有着悠久历史的城市。如果从1983年建镇开始算起,只有37年时间;如果从2019年8月撤镇设市算起,那么还不到1年时间。其实,建镇之前的龙港历史可以追溯到西晋太康年间,据《龙港镇志》(2011年版,中华书局)记载,西晋武帝太康四年(公元283年),"于横屿船屯设县,称始阳(寻改横阳),龙港地属始阳县"。至宋高宗建炎年间,"江南再开河两支,其中一支自钱库至江口"。始阳、横阳即平阳的旧称。直至1981年6月,苍南县从原平阳县分出,龙港划归苍南县管辖。龙港历史上不乏不畏强

权、敢于冲破制度束缚的英勇杰士。像南宋时期，白沙太学生章慰、下涝太学生陈懋钦冒着被削籍的风险，上书揭发韩侂胄、史嵩等高官；元朝大德年间，江口乡民陈空崖与其嫂苏锦娘发动起义，号称罗平国，后被镇压；民国时期，吴信直、林珍、方式惠、方里存等一批共产党人发动地下武装革命斗争，抛头颅、洒热血，为新中国成立做出了不朽的贡献。

龙港市是一座改革的城市，因改革而诞生，因改革而发展，也必将因改革而辉煌。改革是新时期龙港最鲜明、最显著的特征。1984年刚刚分县不久的苍南县，为了推动区域协调发展设立了龙港镇，这一决定得益于改革开放的政策机遇。随后，龙港为冲破"小马拉大车"的制度藩篱，先后列入全国小城镇综合改革试点镇（2005）、温州市强镇扩权改革试点镇（2009）、浙江省小城市培育试点镇（2011—2013，2014—2016，2017—2019）、全国新型城镇化综合改革试点镇（2014），直至成为中华人民共和国第一例由镇直接改设为县级市，这一切都是源于改革开放政策。设市后，又担负着探路国家新型城镇化综合改革、"大部制、扁平化、低成本、高效率"县域行政管理改革等战略任务。可以说，改革伴随着龙港发展的始终，与龙港形影不离。

龙港市是一座敢闯敢拼、敢于追梦的城市。1988年龙港舥艚片区农民包郑照将时任苍南县县长黄德余告上法庭，成为中国第一例"民告官"案件。1991年龙港青年农民王均瑶承包温州至长沙航线，一时以"胆大包天"而名扬海内外，成为温州人"敢为天下先"的杰出代表。特别是1984年建镇之初，在镇委书记陈定模等带领下，冲破种种制度藩篱，在全国率先实行土地有偿使用制度改革、户籍管理制度改革、民营工业制度改革，成功走出了一条不依靠国家投资、由农民自己出资建城的城镇化发展路子，"农民建城"成为"温州模式"的一面旗帜，时任国务委员、公安部部长王芳特地为龙港题字"中国农民第一城"。自20世纪初以来，龙港主动适应新的发展趋势，不忘本又不吃老本，积极培育壮大特色产业，先后获批"中国印刷城""中国礼品城""中国印刷材料交易中心""中国台挂历集散中心"四张国字号特色产业金名片，成功实现了从"农民城"向"产业城"的华丽转身，实现了跨越式发展。进入新时代，龙港上下克服各种困难压力，团结一致、矢志不渝、一以贯之，积极申报设立县级市，终于蟾

龙港设市 与 区域高质量发展

宫折桂再次名冠全国。从镇到市，又一次实现了质的飞跃。尤其要浓墨重彩的是，在敢闯敢拼、敢于追梦的实践中，一群群走南闯北的龙港企业家，筚路蓝缕，披荆斩棘，始终发扬千方百计、千言万语、千山万水、千辛万苦的"四千"精神，不断创造属于的自己的辉煌，也为家乡发展做出了重要贡献，筑起了新时代的精神丰碑。

龙港是一座包容开放、奋发有为、善治善成的城市。建镇之初，龙港周边乡镇、周边县市、省内外其他地区的各路人才慕名而来、蜂拥而至，在这里安家落户、置业办厂，成为新龙港人，成为龙港开发建设的中坚力量。截至2019年，在龙港市近50万常住人口中，真正意义上的龙港本地人不足30%。设市后，为打造成为新型城镇化"全国样本"，必然要继续吸引大批外地人才集聚这里创业发展。

现在，龙港的发展全国聚焦、各方期待，正按照市第一次党代会"一区五城"的战略部署，携地处长三角经济区、海峡西岸经济区两大国家战略的交汇处区位优势，依托甬台温高速复线的全线贯通，南连高速、228国道、209省道的规划建设，温福高铁、市域铁路S3线、崇家岙港口的谋划启动，龙港将建设成为连接长三角经济区和海峡西岸经济区的桥头堡、温州南部崛起的增长极，建设成为"市场化建城引领区、基层治理改革创新实践区、民营经济创新发展示范区"，打造成为新型城镇化全国样本。新型城镇化与传统城镇化最重要的区别是，不能只是非农人口占户籍人口或常住人口比例的提升，更应当重视城镇化内在质量的提升，更加突出以人为本、促进人的全面发展。因此，未来的龙港必定是开放的龙港、有为的龙港、争先的龙港、善治的龙港。

综上所述，从地理属性来看，龙港市是我国东南沿海的一座港口城市；从市民群体来源构成来看，龙港市是一座农民城市，曾经的"中国农民第一城"。但是，从发展历程、未来目标来看，龙港市是一座追梦之城、创新之城、包容之城、善治之城。

三、"关于龙港精神"的提炼原则、句式概括

作为城市灵魂的"龙港精神"综合了这座城市的自然地理、历史传统、文

化积淀、社会风尚、价值观念、市民素质、新型城镇化发展战略等诸多因素。因此，在提炼概述"龙港精神"时，秉持以下几条基本原则：

1. 遵循"植根历史、基于现实、紧跟时代、引领未来"的原则

"龙港精神"是在城市的整个发展过程中自然形成的，具有一脉相承的连续性，贯穿于一座城市的过去、现在与未来。城市精神只有植根历史，才能内涵丰富、根基深厚；只有基于现实，才能形象生动、焕发活力；只有紧跟时代，才能承前启后、引领未来。

2. 遵循"形神合一、相得益彰"的原则

"龙港精神"要定位准确，就必须与城市的客观环境相符合、与城市的外部形象相协调、与城市的发展要求相适应，使城市精神与城市本身和谐统一、相辅相成，从而达到"形神合一"的境界，取得"相得益彰"的效果。

3. 遵循"独树一帜、突出特色"的原则

由于历史传统、地域环境、思想文化、发展水平等方面的差异，每一座城市精神都是与众不同的，体现这座城市本身不一样的特性。提炼"龙港精神"一定要注重挖掘并彰显城市的个性，这种个性正是一座城市精神所特有的不可替代性。因此，无论是城市精神的内涵还是文字表述都要深刻反映出自身的特色及审美取向，展现城市的独特魅力。

4. 遵循"内外兼顾、双重导向"的原则

"龙港精神"是城市的一面旗帜，对内能够凝聚人心，对外可以树立形象，具有双重导向作用。提炼出来的"龙港精神"一定要能够引导市民团结奋进、引领城市不断发展，同时，要能够引导外界全面准确地了解龙港这座城市、加深对这座城市的印象，从而提高这座城市的对内凝聚力和对外影响力。

5. 遵循与"浙江精神、温州人精神"相衔接的原则

2016年习近平主席对浙江精神提出"干在实处、走在前列、勇立潮头"的新要求。2020年4月16日，"激扬新时达温州人精神"大会召开，省委常委、市委书记陈伟俊指出：新时代弘扬温州人精神就是要提升比学赶超、争创一流的干事境界，持续注入追求卓越的时代内涵；就是永葆敢为人先、大胆改革的探路激情，持续注入守正出新的时代内涵；就是要激扬崇尚科学、永攀高峰的创新精神，持续注入富于创造的时代内涵；就是要敞开内外互动、合作共赢的宽广胸襟，持续注入大气包容的时代内涵；就是传承义利并举、守望相助的文化基因，持续注入美美与共的时代内涵；就是保持真抓实干、顽强拼搏的务实品质，持续注入奋斗奋进的时代内涵。"龙港精神"是新时代"浙江精神、温州人精神"在龙港市的具体化、实践化，是"浙江精神、温州人精神"的重要组成部分。所以，提炼出来的"龙港精神"就是要传承、激扬新时代"浙江精神、温州人精神"。

2020年2月下旬至3月中旬，克服新型冠状病毒肺炎疫情带来的种种不便，龙港市委宣传部统战部组织召开了党员干部代表座谈会、教育界人士座谈会、工商界人士座谈会、老干部老领导访谈活动、市民代表征求意见大讨论等一系列活动，初步梳理形成了"龙港精神"语言句式的基本概述，供决策参考：

第一组：追梦拼搏、坚韧执着、包容创新、争先求善；

第二组：抱朴守真、拼搏追梦、厚德包容、睿智创新；

第三组：开明开放、坚韧坚守、创先创新、求实求善。

提炼这三组"龙港精神"时，在语言句式选择上还做到这么几点考虑：一是要避免与其他城市精神的雷同，比如"勇立潮头、敢为人先、海纳百川"等，包括苍南、温州、浙江，大家都是采用这种叫法，这次不予采用；二是避免语言句式概述泛泛一般化倾向，比如"团结、开拓、求实、进取"等，内容都正确，但太普通，打不起精神；三是突出"追梦、创新、包容、善治"等具有龙港城市特性的关键性内容；四是采用4组16个字的句式表述，同时，每一组四个字的句式中包含前后两个并列内容的词组，务求词句内容包含信息量大，务求发音表达朗朗上口、便于传播，务求不落俗套、别致新颖。

这三组"龙港精神"，总体而言，深刻、系统、完整地反映了龙港城市的主要特性——追梦之城、创新之城、包容之城、善治之城，展示出龙港这一座新生的现代化城市为实现"新型城镇化全国样本"这一发展目标的个性化城市特征。语言句式表述严谨精准、潇洒舒畅、健康向上，较好地避免了与其他城市精神的雷同和泛化问题，读来朗朗上口、易于传播。

第一组："追梦拼搏、坚韧执着、包容创新、争先求善。""追梦拼搏"反映的是龙港从一个小渔村到"中国农民第一城"再到中国首例由镇直接改设为县级市，白手起家、筚路蓝缕，一步一步从小到大不断达成目标到达成功彼岸的这一历史生动写照及其所体现出的精神；"坚韧执着"反映的是龙港在改革发展过程中面对各种困难挑战，尤其是"小马拉大车"这一体制性桎梏，始终展现出直面问题、一以贯之、矢志不渝、敢于胜利的无畏豪迈情怀；"包容创新"反映的是龙港始终以大局意识战略眼光敞开胸怀携手四方英才杰士，集成各种政策、要素、资源、机遇，不断突破制度藩篱，凤凰涅槃，推陈出新，成为新时代"续写创新史"的光辉典范；"争先求善"反映的是龙港在新一轮高质量发展的态势下，以撤镇设市为起点，担负起先行先试、示范引领、造福群众、携手发展的历史使命，积极融入"一带一路"、长三角一体化发展，努力建设成为"市场建城引领区、基层治理改革创新实践区、民营经济创新发展示范区"，打造成为我国新型城镇化样本的发展目标追求。

第二组："抱朴守真、拼搏追梦、厚德包容、睿智创新。""抱朴守真"反映的是龙港顺应时代潮流，遵循发展规律，高举改革开放大旗，带领广大群众致富奔小康的初心始终不变；"拼搏追梦"与第一组解读相同；"厚德包容"反映的是龙港在发展过程中始终坚持以诚待人、以信立市，吸引各路英才杰士到龙港发展创业，推动内外龙港人互动发展，实现和衷共济、和谐相处、合作共赢。"睿智创新"反映的是龙港善于抓住改革机遇，主动向上争取政策资源，一次次被列入各种层面的改革试点，积小胜为大胜，实现凤凰涅槃，推陈出新，直至撤镇设市，成就了今天的辉煌。

第三组："开明开放、坚韧坚守、创先创新、求实求善。""开明开放"反映的是龙港始终坚持解放思想、实事求是的思想路线，不唯上、不唯书、只唯实，永葆敢为人先、大胆改革的探路精神，走出了一条具有龙港特点的城镇化发展新路子；"坚韧坚守"反映的是龙港数十年来始终坚守改革发展初心、撤镇设市初心不变，一张蓝图绘到底，一任接着一任干，克难攻坚，始作始成；"创先创新"反映的是龙港改革发展所展现出的"比学赶超、争创一流、追求卓越、超越自我"的战略视野和发展气魄,崇尚科学、永攀高峰的创新精神;"求实求善"反映的是龙港始终坚持以习近平新时代中国特色社会主义思想为指导,一步一个脚印扎扎实实推动高质量发展,传承义利并举、守望相助的文化基因,注入美美与共的时代内涵,实现以追求人的全面发展为核心的新型城镇化,以此次撤镇设市为新的战略起点,努力建设现代化城市,打造成为新型城镇化全国样本。

四、关于弘扬"龙港精神"

提炼"龙港精神"的目的,在于弘扬"龙港精神",为新时期龙港市实施"一区五城"发展战略、早日建成新型城镇化全国样本统一思想、凝心聚力,以文化软实力建设推动经济社会高质量发展,不断增强龙港发展的"文化自信"。

建议一:组织专家学者、党员干部、市民群众代表研讨"龙港精神"的丰富内涵。召开多层面的研讨活动,在媒体上开设专版讨论,多角度解读"龙港精神"的丰富内涵,在研讨活动中普及传播"龙港精神",切实增强大家对"龙港精神"的认同感、归属感、自豪感、荣誉感。

建议二:广泛开展"龙港精神"宣传,为实施"一区五城"战略、打造新型城镇化全国样本形成强大的正面舆论氛围。通过拍摄"龙港精神"专题片、编写《龙港精神》读本、设计"龙港精神"LOGO、制作"龙港精神"城市雕塑、组织"龙港精神"讲师团、拍摄"龙港精神"代表人物微电影、拍摄龙港改革发展系列专题片、举办"龙港精神"文艺活动等等形式,广泛宣传"龙港精神",做到家喻户晓、人人皆知、人人践行。

建议三:创办与"龙港精神"相关的主题场馆。其中最重要的就是创办龙港改革馆、龙港城市规划馆,包括龙港文化馆、龙港博物馆、印刷博物馆、礼品博物馆。同时,支持创办一批与传承"龙港精神"相关的艺术家个人工作室、会客厅、研究院等,促进"龙港精神"传承与龙港发展相协调。

建议四:开发"龙港精神"主题旅游线路,提升龙港知名度、美誉度和影响力。通过与区域内中小学生研学活动、外地来龙港考察学习活动、市民爱国主义教育活动结合起来,以市场化运作方式,推出改革游、民营经济游、特色乡村游、基层党建游等多种主题旅游线路,推动"龙港精神"与主题旅游深度融合,既宣传龙港、传承"龙港精神",又促进经济社会发展。

龙港新城开发模式若干思考[①]

——考察成都新川创新科技园、中新天津生态城、上海漕河泾新兴技术开发区、平阳西湾围涂开发项目后的一些建议

龙港新城是由苍南县江南滩涂、海涂围垦耗时10年形成的一块待开发的净地,其规划面积达106.8平方公里,是苍南县和温州市南部未来发展的希望所在,也是苍南县深入实施"双海双区"战略,加快建设浙台(苍南)经贸合作区,实现转型发展、崛起跨越的战略主平台。

在多届苍南县委、县政府持之以恒的努力下,终于陵谷变迁、沧海桑田。2012年1月,国家海洋局批复我县江南海涂围垦的31000亩的农业用海转为建设用海。2012年11月,首批3700多亩围垦造地软基处理工程完工,其余围垦地块吹填及软基处理正加紧推进。再加上国家实施"两海"战略(即"浙江海洋经济发展示范区、海峡西岸经济区"战略)给苍南带来的发展机遇和海域使用权"直通车"制度的政策支持,龙港新城大规模开发建设时代已经到来。

明年是龙港镇建镇30周年,毋庸置疑,龙港镇30年发展成就是巨大的。但是,从现在的眼光看,显然与我们的要求还是有距离的。因此,龙港新城如何开发?如何高水平开发?这是当前苍南上下十分关注的重大问题。

借鉴国内开发区、工业园区开发建设的成功模式,高起点、高标准、高品位、高强度开发建设龙港新城,成为当前苍南县委、县政府的重大战略考量。带

[①] 此文是2013年本人考察国内部分开发区后,写给时任浙江苍南县委主要领导的政策建议。

着这一问题，近日跟随县政府考察团先后赴成都新川创新科技园、中新天津生态城、上海漕河泾新兴技术开发区、平阳西湾围涂开发项目等地考察学习工业园区、开发区的开发模式，并结合龙港新城实际，提出一些相关建议，供有关方面决策参考。

一、国内开发区、工业园区开发建设的主要模式及特点

自1986年8月21日邓小平视察天津经济技术开发区并题词"开发区大有希望"以来，国内开发区、工业园区开发建设已经走过了27年的发展历程，并且取得了巨大的发展成就，也创造出了许多成功的开发建设模式。纵观国内开发区、工业园区开发建设的模式，按照政府参与开发区管理程度来划分，大致可以分为三种模式：第一种是政府主导型开发模式；第二种是政府与企业合作共管型开发模式；第三种是企业主导型开发模式。

第一种是政府主导型开发模式。这是国内开发区、工业园区开发建设普遍采取的做法。其主要做法是，在开发区、工业园区内由地方政府设立开发建设管委会，履行开发区、工业园区的规划编制、基础设施建设、招商引资、管理服务等所有开发建设管理职能，开发区、工业园区所在地的社会管理职能由所在地政府行使或委托管委会代为行使。开发建设资金由政府财政或政府融资投入，通过政府招拍挂出让土地（最初土地划拨的）。这种模式的特点是，开发初期开发区、工业园区管委会兼具管理者和开发商的双重功能，开发区管委会与开发公司是两块牌子、一套班子或交叉任兼职。在开发区发展初期，这种模式具有办事效率高、管理者能动作用大、调动各方面力量为开发区提供较为宽松的物质环境和运作环境。但这种开发模式很难兼顾管理与服务的双重职能，一旦开发成功之后，开发区就需要实行政企分离，将开发和服务功能独立出来。

第二种是政府和企业合作共管型模式。最为典型的是中国、新加坡两国政府合作开发建设园区的案例。自20世纪90年代以来，由于新加坡政府在开发建设开发区、工业园区方面具有较为先进的管理经验和开发资源，中国政府与新加坡政府先后开展合作建设苏州工业园、无锡新加坡工业园、广州知识城、成都新川

创新科技园、中新天津生态城等项目，成功走出了一条政府和企业合作共管型的开发区、工业园区开发建设模式。其主要做法是，中国政府（或中国地方政府）与新加坡政府（或政府部门）签订战略合作协议，明确开发建设的战略目标和开发思路，双方政府成立对等级别的工作协调机构；同时，双方政府共同出资成立开发区、工业园区开发建设的具体运作的中新公司，中新公司由双方的企业参与入股，并明确各自股份比例，具体负责园区的规划编制、基础设施建设、招商引资、管理服务等开发建设管理职能，实行企业化运作，并自负盈亏。而政府则负责行政事务管理。这种模式不仅可以避免政府行政权力过多干预，机构精干、权责明确，而且新加坡政府为我们输送了先进的规划建设理念、优质的招商引资资源、一站式服务的高效亲商理念，提升了开发建设管理的档次和水平。现以成都新川创新科技园和中新天津生态城为例，分析其具体开发模式特点。

1. 成都新川创新科技园

新川创新科技园是新加坡与四川省合作开发建设的高科技产业创新发展集聚区项目。2010年9月15日，新、川双方在新加坡签署《关于合作建设新川创新科技园合作备忘录》，按照"产城一体"的总体规划理念，按照"政府推动、企业主体、商业模式、市场运作"和"亲商、亲民、亲环境"的原则，实施创新科技园的开发及运营管理，打造一个产业、人文、生态高度融合的创新示范城。项目选址于成都高新区南部园区内，规划面积约10.34平方千米，其中园区50%面积将建设设施完善的创新园区，20%将建设高密度商业办公区，30%将建设现代生态田园城市住宅。规划居住人口12万人，就业人口12万~15万人。新、川双方成立中新（成都）创新科技园开发建设有限公司，具体负责新川创新科技园的总体规划、开发和招商，公司注册资本为2.97亿美元，双方出资比例为50%：50%。合资双方分别为成都高新区管委会下属全资子公司成都高新投资集团有限公司和新加坡的新川投资控股私人有限公司。新川投资控股私人有限公司由新加坡淡马锡控股（私人）有限公司的全资子公司星桥控股（50%）与胜科城镇发展有限公司（50%）出资组建。2012年5月8日正式开工建设，开发周期为2012年至2020年，中新（成都）创新科技园开发建设有限公司将组建招商服务团队、规划建设团队、项目融资团队，预计投资 200 亿元人民币，在 8 年时间内完成园区基础设施及公建配套投资建设、项目招商等工作。在产业定位方面，新川创新科技园将信息技术、服务外包、数字新媒体、生物医药、环保、精密机械、金融、培训等 8 个产业作为主要的发展领域。园区将承接延伸成都高新区现有的优势产业，聚集现有产业链上的最高端业态，同时导入具有可行性的新兴产业，形成中国西部地区高端产业聚集的标志性区域。

这种模式，是两国政府高层定下合作框架，并设立协调工作机构解决双方合作中的重大问题。成都天府新区管委会负责行使政府职能，园区开发建设职能由双方成立的开发公司运作。合作双方以现金方式一次性投入成立开发公司，具体负责园区规划建设、招商引资、管理服务等开发建设管理职能。开发公司进行土地一级开发，由生地变成熟地后，再由政府招拍挂出让土地给有关项目进行土地二级开发，获取的土地出让金溢价收益部分由中方政府与开发公司按照一定比例分配，开发公司可以参与园区土地二级开发建设。

2. 中新天津生态城项目

中新天津生态城项目是中、新两国政府战略性合作项目，是继苏州工业园之后两国合作的新亮点，为探索资源节约型、环境友好型社会建设提供典型示范。2007 年 11 月 18 日，国务院总理温家宝和新加坡总理李显龙共同签署《中华人民共和国政府与新加坡共和国政府关于在中华人民共和国建设一个生态城的框架协议》。国家建设部与新加坡国家发展部签署了《中华人民共和国政府与新加坡共和国政府关于在中华人民共和国建设一个生态城的框架协议的补充协议》。按照两国协议，中新天津生态城将借鉴新加坡的先进经验，在城市规划、环境保护、资源节约、循环经济、生态建设、可再生能源利用、中水回用、可持续发展以及促进社会和谐等方面进行广泛合作。为此，两国政府成立了副总理级的"中新联合协调理事会"和部长级的"中新联合工作委员会"。中新两国企业分别组成投资财团，成立合资公司，共同参与生态城的开发建设。新加坡国家发展部专门设立了天津生态城办事处，天津市政府于 2008 年 1 月组建了中新天津生态城管理委员会。至此，中新天津生态城拉开了开发建设序幕。中新天津生态城项目选址于天津滨海新区范围内，总面积约31.23平方公里，规划居住人口35万。将利用国家综合配套改革试验区先行先试、改革创新的政策优势，借鉴国际先进生态城市的建设理念和成功经验，突出生态优先、以人为本、新型产业、绿色交通等特点，形成"一轴三心四片，一岛三水六廊"的空间布局，实行中新合作、政企分开、企业运作、政府监管、规划控制、指标约束的开发建设模式，通过十年左右的建设，使之成为展示天津滨海新区经济繁荣、社会和谐、环境优美的宜居生态型新城区。

这种模式，与成都新川创新科技园开发建设模式基本相同，所不同的是，双方成立的开发公司由双方各占50%股份，中方由7家企业组成集团入股，新方由嘉宝集团入股。中方土地先以一个确定的基准价招拍挂给中方企业，并评估后作价入股，而新方企业则以现金入股。这样双方组成的开发公司就已经取得了土地一级开发后的土地转让权（不用再进行土地二级开发的招拍挂），土地转让收益归开发公司所有。为了防止土地转让产生的高溢价，对于获得土地二级开发的项目，生态城都设置开发建设的控制指标加以限制，使之符合生态城发展建设的目标要求。

无论是成都新川创新科技园还是中新天津生态城，其开发建设的特点主要有：①中、新双方政府间开展项目合作，具有战略影响；②借鉴新加坡在园区规划建设、招商引资、管理服务等方面的先进发展理念思路，提升发展档次水平；③依托大城市支撑，突出产城一体、创新科技、生态环保等全新开发建设理念；④采取政府与企业合作共管模式进行开发建设，双方有实力的企业组成开发公司，由中方主导推进开发建设，加快开发推进速度。

第三种是企业主导型开发模式。企业主导型开发模式是指开发区、工业园区的管理机构本身由企业（或公司）性质的单位承担。尽管管理机构被赋予一定的行政职能，但它更主要的是通过房地产、基础设施的经营开发、技术和资金的入股以及其他经济合同形式，对开发区企业进行管理、服务和基础设施建设，即通过设立一个企业来规划、开发和管理开发区。因此，该开发管理机构实际上是承担一定的政府管理和公共事业开发职能。

（1）上海漕河泾新兴技术开发区。上海漕河泾新兴技术开发区规划面积

5.984平方公里，1988年批准为国家经济技术开发区，1991年批准为国家高新技术产业开发区，综合经济指标位于全国开发区前列。目前已形成微电子、光电子、计算机机器软件和新材料等四大产业，建成研究开发、网络运行、金融数据、技术创新四大中心。上海漕河泾新兴技术开发区就属于典型的企业主导型开发模式，上海漕河泾新兴技术开发区不设管委会，只是指定区外主要管理部门协调管理。其中，漕河泾开发区发展总公司行使市政府授权开发区的管理职能和体制，包括党委建制、行政级别（厅局级）、项目审批等经济管理权利和必要的特许经营开发职能等。赋予其行政职能，提高了漕河泾开发区总公司的办事效率，减少了协调工作量。在土地资源上，漕河泾开发区初期的土地由市政府划拨，开发资金由政府贷款，并通过为漕河泾开发区总公司提供区内企业税收转移支付，保证公司开发的顺利推进。但是由于开发主体无法从区域税收中获得必要的投资补偿，其对基础设施的巨额投资或转嫁到地价上，致使地价过高。或因不能及时回收资金导致债务过重而陷入财务困境。这种开发模式由于行政职能少，许多方面推不动，管理目标难以实现。

（2）浙江平阳县新湖中宝公司开发西湾围涂项目。新湖中宝开发西湾围涂项目也是属于企业主导型开发模式。上市公司新湖中宝负责人黄伟的母亲是原平阳县人（今苍南县人），出于对家乡的感情，参与了平阳西湾围涂项目的开发建设。在新湖中宝控股子公司利德公司耗时10年完成西湾海涂围垦的基础上，与平阳县政府签订了开发建设西湾围涂项目战略合作协议，其开发模式为土地一级、二级联动开发。新湖中宝发挥自身优势，参与了开发建设西湾围涂项目的发展规划制定，以建设"世界温州人金融中心、世界温州人论坛永久会址"为抓手，把西湾建设成为"全世界温州人家园"和高品位的滨海新城。平阳西湾围涂开发项目规划总面积8.4平方公里，其中一期规划面积3.47平方公里。据了解，平阳县政府把西湾围涂项目的围垦造地、土地一级开发建设任务全部委托新湖中宝（据了解，估计每亩成本85万元）。政府确定土地招拍挂基准价（估计每亩300万元起价），政府土地招拍挂实现溢价部分的收益，由政府与新湖中宝公司按一定比例分成，同时，新湖中宝全部参与竞拍政府土地招拍挂，新湖中宝根据规划要求参与土地二级开发。

这种模式的特点是，依托双方良好的感情基础，政府把海域的海涂围垦、土地的一级二级开发全部任务交给实力强大的上市公司新湖中宝，并按照政府发展目标要求制定规划、建设基础设施、招商引资、管理服务等职能，实现高效率、高标准、市场化开发推进，解决了政府投入资金不足、规划建设档次低、管理效率低下、招商引资困难等问题。该模式的不足之处是具有感情色彩，比较难以复制。

二、龙港新城开发模式若干思考

从以上三种开发建设模式的优劣特点分析来看，选择第二种政府与企业合作共管型开发模式是目前最适合龙港新城开发建设的。理由有以下几点。

1. 发展理念得以提升

龙港新城是苍南县未来发展的希望所在，全县上下对它寄予厚望。如果我们按照现有一般开发区开发模式，这里卖一块，那里卖一块，零敲碎打，就会容易重复以前发展的低档次老路，新城最后还是变成了老城。新时代新理念新要求不允许我们再这么蛮干了，必须引进先进的发展理念，实现更好更快发展。

2. 建设资金瓶颈得以破解

龙港新城兴起大规模开发建设需要大量的建设资金，仅仅依靠县财政和现有的融资手段是难以支撑的，必须引进战略投资者，以合资设立公司制形式开展运作，这样，开发建设的大量资金才能够得到有效保障。从苏州工业园、中新生态城、新川创新科技园开发建设情况来看，这种模式较好地解决了开发建设的资金需求问题。

3. 招好商招优商得以实现

引资战略合作伙伴，就能够把合作伙伴拥有的优质招商引资资源带进来，让一批大项目、优质项目在龙港新城落地，这是解决龙港新城发展档次低的关键，也是政府与企业合作共管开发模式的优势所在。漕河泾的模式也能够引进优质大项目，但由于其地价成本高，限制了一些优质大项目的引进。

4. 建设管理效率得以优化

政府与企业合作共管开发模式既可以发挥政府行政管理职能优势，又可以发挥开发公司在开发建设园区方面的企业化运作的独特优势，从而规避了第一种和第三种开发模式的一些弊端，开发建设的效率最高。

目前，龙港新城开发建设正在与香港的太一国际集团洽谈合作开发建设问题。据了解，香港太一国际集团是一个擅长资本运作的操盘公司，虽然其自身经济实力没有我们想象的那样强大，但其背后集聚了一批重量级的集团公司，像台湾的远雄集团、台湾李祖原联合设计事务所等。要看到其背后的招商引资引进大项目优质项目和资本运作的潜力。按照县委主要领导提出的"确定目标、保护自己、相信别人、注重效果"的合作原则，建议按照第二种政府与企业合作共建的开发模式，借鉴中新合作的成功经验，与太一国际集团开展战略合作，共同开发建设龙港新城。具体建议如下：

（1）立足于龙港新城规划总面积35.8平方公里的空间，拿出其中的10平方公里面积，由苍南县政府与太一集团签署共同开发建设战略合作框架协议，明确发展目标、发展思路、功能定位、开发时序、产业选择、规划设计、基础设施建设、招商引资、管理服务、利益分成、违约责任等开发建设的一系列重大问题。

（2）在现有设立龙港新城开发建设管委会的基础上，苍南县政府与太一国际集团双方合作成立开发公司。龙港新城开发建设管委会负责政府行政职能行使，开发公司负责园区的规划设计、基础设施建设、招商引资、管理服务等职能，企业化运作，自负盈亏。根据龙港新城的开发体量，建议开发公司注册资金为20亿元人民币，双方现金一次性投入，苍南县政府方面占51%股份，苍南县政府所属多家国有企业联合参股，太一国际集团方面占49%股份，由我方主导控股。

（3）开发公司设立后，公司马上组建规划编制团队、基础设施建设团队、融资团队、招商引资团队、服务管理团队，建立各种相关制度，同时启动开展相关工作。龙港新城开发建设管委会作为苍南县政府的派出机构负责土地招拍挂出让二级开发项目，开发公司可以参与土地招拍挂竞拍和土地的二级开发。土地招拍挂出让金扣除一级开发成本后，根据开发公司引进的项目优质状况，按照一定比例（根据引进优质大项目的数量来决定分配比例）在政府与开发公司之间进行分配。

（4）借鉴中新合作项目的开发理念思路，产业选择要按照高新技术、生态环保、低碳智慧的原则来取舍，要按照产城一体化原则来规划设计。同时，要结合苍南"双海双区"、鳌江流域一体化发展、对台经贸合作、国家级台商投资区申报创建、发展海洋经济等实际进行设计考量，与苍南、温州、浙江以至海峡西岸经济区发展的定位、理念、思路相衔接。

第二辑 关于区域高质量发展

温州南部的鳌江流域，面积2300平方公里、人口230万左右，2019年GDP近1100亿元，是温州市打造我国东南沿海区域中心城市、实现高质量发展的重要增长极。

在1981年之前，鳌江流域是一个县级行政区，即平阳县。到了2019年8月，随着龙港市的设立，鳌江流域变成了三个县级行政区，即平阳县、苍南县、龙港市。2019年7月12日，温州市委全会通过了《关于全面提升中心城区的首位度，加快建设区域中心城市的决定》，提出要推动"鳌江流域一体化发展"，建设"美丽浙江南大门"、温州大都市区副中心城市。

2019年10月，温州市社会科学界联合会联批准设立了以"鳌江流域一体化发展"为研究方向的温州市社会科学重点研究基地——温州市瓯南发展研究中心（即瓯南智库）。该研究基地设立以来，积极参与这一区域高质量发展的研究与实践，产生了一批研究成果，在实践中发挥了一定的作用。比较突出的是：最早提出了在鳌江流域设立"瓯南新区"的建议；提出了龙港与中国台湾地区开展印刷业合作并设立"台湾产业园"的建议；提出了龙港申报创建"国家新型城镇化综合改革实验区"的建议等，希望这些观点能够造福于该区域的高质量发展。

龙港设市 与 区域高质量发展

评点 2019 温州十大事件[①]

一、S1 线通车

2019 年 1 月 23 日，温州轨道交通 S1 线西段 12 个车站开通运营；2019 年 9 月 28 日，温州轨道交通 S1 线全线 18 个站贯通运营，从此，温州正式迈入轨道交通时代。温州轨道交通 S1 线西起瓯海区，途径鹿城区、龙湾区，东至瓯江口产业集聚区，全长 53.5 公里，运行速度最高每小时 120 公里，串联温州动车南站、温州火车站、龙湾国际机场等交通枢纽，是温州大都市核心区两大中心的快速联系通道。

评点：S1 线的通车，标志着温州轨道交通时代的开启，标志着温州加速迈向现代化。当我们收获舒适惬意之时，不应忘记时任浙江省副省长、温州市委书记的陈德荣。2010 年他一来到温州主政，就高瞻远瞩地提出："高速公路是小康，轨道交通才是现代化，温州要建设城市轨道交通。" 2011 年 11 月 11 日上午 11 时 11 分，陈德荣正式宣布工程动工建设，这四个很特别的 "11"，蕴意着温州未来的发展就像轨道交通一样平稳地向前，不断延伸、跃进。在推进轨道交通建设过程中，温州还收获了两个成果：一个是以项目融资形式，向民间融资 15 亿元，为温州金融改革破解 "两多两难" 问题树立实践样本；二是列入国家发改委提出

[①] 评点 2019 温州十大事件，表面上看是简单的就事论事，实质上是对区域高质量发展的一次深入剖析和解读。

的市域铁路建设先行先试城市,打造市域铁路建设全国示范工程。一个有趣的事情是,外地人问温州人,温州有地铁吗?答没有。地铁也是轨道交通,在地上在地下有什么关系呢?

二、融入长三角一体化发展

2018年,长三角区域一体化发展上升为国家战略。2019年6月,《长三角区域一体化发展规划纲要》发布,温州被列为27个中心区城市之一,翻开温州融入国家战略的全新一页。2019年9月5日,温州市召开推进长三角一体化发展大会,浙江省委常委、温州市委书记陈伟俊指出:"高水平、高质量建设长三角南大门区域中心城市,奋力续写好新时代温州创新史。"

评点:温州距离长三角核心区上海市近400公里,属于长三角边缘地区,平常难以被辐射带动。这次能够被列入国家战略的中心区城市之一,意味着温州的发展地位、发展机遇上升到国家战略层面,这是新时代温州高质量发展的重大机遇。应该以更高的政治站位、更优的发展标准、更积极的姿态、更开放的胸襟,进一步拓展空间,进一步创新政策,进一步拥抱人才,进一步集聚资源,放弃"不找市长找市场"的旧理念,既找市场又找市长更找省长总理,既要发挥市场在资源配置中的决定性作用,又要更好地发挥政府的作用,实现弯道超车跨越崛起,再创温州新辉煌。以往,温州一直自诩处于"长三角经济区、海峡西岸经济区"的交汇处,享受两边叠加机遇。也有人说,温州其实很尴尬,两边都搭不上。这下可好了,明确温州属于长三角一体化国家战略的中心区城市之一。

三、龙港设市

2019年8月,经国务院批准,撤销苍南县龙港镇设立县级龙港市,这是中华人民共和国第一例由镇直接改设为县级市,龙港再次成为全国的焦点。2019年9月25日,浙江省委书记车俊、省长袁家军来到龙港市为新成立的龙港市揭牌,提出龙港要打造成为我国新型城镇化样本。2020年1月3日,龙港市第一次党代会召开,提出打造"一区五城"的发展目标定位。新成立的龙港市区域

龙港设市 与 区域高质量发展

面积183.99平方公里，人口38.2万，下辖9个片区102个村居，2018年实现GDP299.5亿元。

评点：龙港，虽然是一个地图上找不到的地方，但是，却一直是领导、舆论关注的焦点。为什么？因为龙港是改革的产物，也一直在进行着各种各样的改革，对龙港的关注，其实就是对中国改革的关注。1984年，在五个小渔村的基础上建立龙港镇，从此改革一发不可收。建镇之初，率全国之先河，实行土地有偿使用、户籍制度改革、发展民营经济等"三项改革"，建成"中国农民第一城"。1995年以来，先后列入全国小城镇综合改革试点、温州市强镇扩权改革试点、浙江省小城市培育试点、全国新型城镇化综合改革试点，直至这次撤镇设市。设市后的龙港继续担负着探路国家新型城镇化综合改革的战略任务，为其他类似地方形成可借鉴、可复制、可推广的经验模式。过去，龙港农民建城，是"温州模式"的一面旗帜。现在，龙港撤镇设市，将是"温州模式"创新发展、续写创新史的一面旗帜。

四、青科会

2019年10月26日，2019世界青年科学家（温州）峰会在温州市召开，峰会以"汇聚天下英才，共创美好未来"为主题，来自102个国家、地区和国际组织的近800位代表，将探索科学界、企业界和创投界融合创新模式，开设科学时刻、对话未来、拥抱科技和团聚分享四大板块，聚焦未来创业、未来教育、未来健康、未来智造和未来资源五大领域，共同分享和探讨科学、人类和未来的思考。国家主席习近平给大会发来贺信。

评点：这是温州第一次举办世界级的大会，大会永久性落地温州，将会为温州带来源源不断的科学资源、发展资源、人才资源，对于温州续写创新史具有十分重要的意义。一个地方的发展，最重要的因素是人才，是人才中的精英。科学家、青年科学家、世界级青年科学家，这是世界各国竞相争夺的高端资源，温州能够与之相拥，这是发展之良机。乌镇，一个很不起眼的地方，因为举办了每年一届的世界互联网大会、集聚全球互联网精英而改变。近水楼台先得月，一个世界级的会议在这里召开，其带来的巨量的发展资源和机会如何与本地发展相对接，形成促进本地高质量发展的生产力，这需要策划研究。温州是讲故事的地方，世界级大会的故事刚刚开始要好好讲。

五、民营企业家节

2019年11月1日，温州市迎来首个"民营企业家节"。这是一座城市给民营企业家的礼遇、尊重和荣耀。这一节日的设立，对于温州民营经济发展具有里程碑意义。2018年，温州启动创建全国新时代"两个健康"先行区，发布"两个健康"新政80条。2018年12月29日，温州市第十三届人大常委会第十六次会议通过了关于同意设立温州"民营企业家节"的决定，时间定为11月1日，从此，温州民营企业家有了自己的节日。

评点：民营经济是温州发展最重要的特征，也是温州之所以声名在外的资本。随着中国发展由高速向高质量转型，民营经济一度成为被淘汰出局的对象，也动摇了一部分民营企业家对未来的信心。在这一情势下，习近平总书记发出最强音，毫不动摇发展民营经济。给民营经济、民营经济企业家吃下定心丸，也给温州发展以巨大勇气信心。温州几乎没有国有经济，民营经济就是全部家当，民营经济发展不好，温州还有什么？世界温州人大会、世界温州人家园、民营企业家节，这些都是温州市委、市政府发展民营经济实实在在的举措。只有民营经济有地位了、民营企业家有地位了，温州就有地位了。不过话又说回来，如果温州国有经济能发展，也要发展。在国有经济占主导地位的国家里，一个地方政府不去发展国有经济，从某种意义上讲，也是不讲政治的表现。

六、院士李校堃

2019年11月7日，温州医科大学校长李校堃入选中国工程院院士，这是在温州本地产生的第一位院士。李校堃致力于以成纤维细胞生长因子为代表的基因工程蛋白药物的基础研究、工程技术和新药研发、临床应用和转化医学研究，先后获国家科技进步二等奖、国家技术发明二等奖、中国工程院光华工程科技奖、何梁何利科学与技术进步奖、教育部高校科研优秀成果一等奖、浙江省科学技术一等奖。荣获教育部"长江学者特聘教授",入选中组部首批"万人计划"。

评点:温州本地产生了第一位院士,一是说明温州医科大学的科研实力不容小觑,二是温州已经步入科研强市的行列。这些年,温州医科大学十分火爆,不但高考招生分数远远高出国内一些"985、211"名校,而且下属医院的医疗水平也让人叹为观止,特别是温州眼视光医院的近视屈光技术,国内领先。由此,也带来了温州医疗产业、医院建设、医疗人才培养的飞速发展,医疗健康经济已经成为温州经济发展的一个新的增长点。相信,李校堃入选院士这件事情,会在温州产生鲶鱼效应,进一步引爆温州区域医疗经济高质量发展,吸引更多资源、资本、人才、政策集聚在医疗领域,形成区域医疗产业集群品牌规模效应。在这里也要提醒地方政府,要抓住时机,进一步统筹区域医疗资源,在保民生健康的同时,做大做强地方医疗健康经济。

七、南麂岛资本论坛

2019年11月24日,第三届中国南麂岛资本论坛在温州市举行,来自私募基金、实体企业、金融机构、政府部门等共计400余人出席,贾康、董煜韬、王涵、吴拓华等发表主旨演讲,以"不忘初心助实体、资本引领创高地"为主题,共商金融未来发展趋势,畅谈区域建设发展商机。论坛由温州市人民政府、浙江省地方金融监管局指导,平阳县人民政府、温州市人民政府金融工作办公室主办。还举行了平阳县政府与企业代表百亿基金助力"凤凰行动"战略合作和入驻签约仪式、基金岛金融服务联盟授牌仪式。在南麂基金岛签约仪式上,高达210亿元的签约资金代表了南麂基金岛实现从"金融宝岛"向"金融高地"迈出了坚实的步伐。

评点:南麂岛,位于浙江省平阳县鳌江口外30公里的东海海面上,是世界级的贝藻王国、国家4A级旅游景区。南麂基金岛,这是温州金融改革的一项创举,把美丽的南麂岛与金融资本结合,打造特色基金小镇,这就是南麂基金岛的创意。通过政策引导支持,吸引国内近千家的基金公司入驻南麂岛,到账资金达数百亿元，为当地实体经济发展带来了源源不断的资本支持。美丽的海岛、美丽的故事、美丽的发展，让南麂基金岛一出生就惊艳在世人面前。目前，占地110亩的坐落鳌江镇的南麂基金岛客厅项目即将竣工，让南麂基金岛上岸，进一步打响南麂基金岛品牌，助力区域经济高质量发展。南麂基金岛项目，打开了温州众多沿海岛屿、海洋资源的开放开发新思维——如何找准支点，让资源、金融、实体三者实现更好互动发展。

八、科创飞地

为深度对接长三角一体化国家战略，推动温州国家自主创新示范区建设，2019年7月6日，温州市和上海市嘉定区签署了推进更高质量发展战略合作框架协议和合作项目备忘录。温州瑞安市与嘉定区安亭镇结对合作、温州乐清市与嘉定区南翔镇结对合作，分别启动建设"科创飞地"。2019年11月28日，在首届长三角科技交易博览会开幕式上，温州市首批两个"科创飞地"：乐清市·南翔镇科创合作基地、瑞安市（安亭）飞地创新港同时揭牌。

评点：乐清市、瑞安市是温州市下辖的两个经济科技强市，乐清市主导产业是电气产业、瑞安市主导产业是汽摩配产业。这次借助上海在区位、人才、科技方面的优势，在温州市政府的统一领导组织下，改变以往"请进来"发展为"走出去"发展，借助他方平台、资源、机会，发展自己的产业，实现产业升级，这是发展的创新之举，既解决了本地人才难以引进的问题，又解决了发展空间不足问题。而且，一个在小地方，一个在上海等大都市，企业发展档次、发展前景会完全不一样。举个例子。苍南县有一家企业叫水星被服，原来在龙港发展，始终难以做大，后来迁到上海嘉定发展，结果上市了，现在成为中国家纺业的一枝独秀。"爱一张床，恋一个家，水星被服"，刘嘉玲的广告词大家耳熟能详。苍南县还有一家家纺企业叫盛宇被服，一直在苍南县灵溪镇发展，当地也给予了很大的政策支持，一度也成为苍南县的大企业，还股改说要上市，结果说倒就倒，一大批投资人破产。

九、中国（浙江）自由贸易区温州联动创新区

2019年12月18日，浙江省政府同意杭州、宁波、温州、嘉兴、金华、台州六地分别设立中国（浙江）自由贸易试验区联动创新区，温州终于圆了自贸区的梦。2019年4月初，温州在全省率先将《中国（浙江）自由贸易试验区温州新片区（联动创新区）申报总体方案》正式行文上报省政府。省政府办公厅复函要求抓紧研究制定本市联动创新区总体方案，把复制推广自由贸易试验区改革创新经验作为首要任务，重点复制推广政府职能转变、投资管理、贸易便利化、金融创新与开放、综合监督等领域的制度创新成果真正落地。联动创新区的设立，将进一步扩大温州对外开放及开放型经济的高质量发展。

评点：开发区是园区概念，自贸区是政策概念。把自贸区的创新制度政策嫁接在开发区上，以实现开发区开发建设质的飞跃，这就是自贸区带给我们的好处。我在6年前就向温州市委建议温州要争设自贸区，很多人觉得自贸区离温州还很远，现在说来就来，形势发展变化很快啊！这些年，温州发展之所以落后于一些地方，讲到底就是政策制度的约束。现在该是抓住机遇一揽子破解制度瓶颈的时候了，相信自贸区对于温州的价值会被越来越多的人所读懂。

十、人才新政

2019年12月25日，温州市举行《人才住房租售并举实施办法》新闻发布会，称符合条件的优秀本科生买房打7折，租房打3折。该办法是浙江省首个人才住房租售并举专项政策，于2020年元旦起实施。享受的对象包括全职在温州市用人单位工作的高层次ABCDE类人才，还放宽至全日制本科大学生、技师类人才和特定专业的中级专业人才。其中，中小学、幼儿园、医疗卫生机构覆盖到贡献积分值达到100分以上的人才。企业覆盖到近两年年薪10万元以上、且具有全日制本科学历或中级专业技术职称、技师职业资格的人才。

评点：买房打7折，租房打3折，这是这次温州人才新政最吸引眼球的地

方。温州一直以来因为高房价让许多人才望而却步，温州也失去了拥抱更多人才的机会，给区域发展带来硬伤。随着近年来各地抢人大战愈演愈烈，一句流行的话就是招商引资不如抢到一人，连杭州这样的城市都放宽到大专学历即可落户，显然，温州感觉到了巨大压力。温州以前也出台了许多人才政策，但是都难以精准地打动人才、吸引人才、留住人才，甚至连本地原有的人才也弃之而去。作为对原有人才政策的修正，温州这次可谓是花了血本引人才留人才，但不知效果如何？其实，人才政策要像房地产政策一样，因城而异，分类施策，精准激励。相信，随着人才新政的持续影响，温州将迎来更加美好的发展前景。马云讲未来最重要的是多生孩子，不是去买房子。孩子即人才，抢到就是赚到。

龙港设市 与 区域高质量发展。

温州需要设立新区吗[①]

一

2019 年，长三角一体化发展上升为国家重大发展战略。

先是上海的青浦、江苏的吴江、浙江的嘉善三个地方约 2300 平方公里面积列入长三角生态绿色一体化发展示范区；继是，国家出台《长三角一体化发展规划纲要》指导这一地区加快高质量发展；再是浙江省在短短一年时间内融入长三角一体化发展，沿杭州湾布局了四大新区，分别是：杭州钱塘新区、湖州南太湖新区、宁波前湾新区、绍兴滨海新区，这四大新区的设立是浙江省贯彻落实《长三角一体化发展规划纲要》的重要举措。

如果再加上嘉兴市的嘉善列入长三角核心区、舟山市的自由贸易区，那么，浙江北部与上海接近的嘉兴、湖州、宁波、舟山、杭州、绍兴六个地级市，都设立了融入长三角一体化发展的大平台。

温州、杭州、宁波，这是浙江省所谓的"铁三角"。杭州、宁波搭上了这次长三角一体化发展的快速道，连同边上的湖州、嘉兴、舟山也都搭上了。可温州呢，却没有具体的大平台设立，在长三角一体化面前，显得有点寂寥。

温州也属于长三角地区，是国家《长三角一体化发展规划纲要》列入长三角

[①] 该文首次提出了在温州南部鳌江流域设立"瓯南新区"的建议。

27个城市之一。9月5日温州市召开了推进长三角一体化发展大会。刚刚前不久的11月2日,"长三角一体化论坛"还在温州举行。可是,温州毕竟距离长三角的核心——上海市近400公里,如果说杭、嘉、湖、宁、绍是近水楼台先得月,那么,温州就有点天高皇帝远,一时难以被辐射,在新一轮的长三角一体化发展中处于边缘地带。

二

如今的中国,发展在不断升级。

发展需要大平台支撑。从开发区到国家级开发区到自由贸易区再到如今的新区,发展的大平台也在不断换名字,事实上就是在不断升级。短短时间内,浙江北部杭、嘉、湖、宁、绍地区齐刷刷地设立四个新区,有点让人眼花缭乱、应接不暇。这么密集成立的新区究竟是个什么玩意儿?其实,新区就是原有工业园区、出口加工区、高新区、产业集聚区、国家级经济技术开发区的一次大整合,是原有平台的升级版,这是新的发展大平台。

那么,新区新在哪里呢?

一是新在产业。都是承接最新兴、最前沿、最顶级的产业,包括生物医药、智能制造、数字经济、新能源、现代金融、新材料等。

二是新在政策。通过整合原有这些大大小小的各类发展平台,设立统一的高规格平台,原有那些享受不到国家级政策的平台,现在都享受到了,一下子提高了发展的政策待遇级别。而且,浙江省委、省政府还将向这些新区注入新的政策、资源,予以重点支持,发展潜力和前景无限美好。

三是新在任务。即新的发展任务,也就是肩负重任。杭州钱塘新区定位是长三角地区产城融合发展示范区;湖州南太湖新区定位是长三角区域发展重要增长极;绍兴滨海新区定位是杭绍甬一体化发展先行区、杭州湾南翼生态宜居新城区;宁波前湾新区定位是长三角一体化发展标志性战略大平台、沪浙高水平合作引领区。

四是新在空间。以前的各种发展平台,都是在一个独立的行政区空间内。而

龙港设市 与 区域高质量发展

新区呢？跨越了不同的行政区，突破了不同行政区的政策制度壁垒，在更大的空间内实现资源、要素、政策的优化配置，这是新区的一个突出特点。像宁波的前湾新区，包括余姚市片区、慈溪市片区、杭州湾产业集聚区等不同行政区划的发展空间平台。

一句话，新区就是诞生于新时代、体现新的发展理念、集聚新兴产业的跨行政区域高质量发展大平台。

三

这些年，温州发展慢，一个重要原因是缺发展的大平台。在这一点上与杭州、宁波比较，差距十分明显。

杭州市一共13个县市区，宁波市一共11个县市区，温州市一共12个县市区。可是，杭州市除了桐庐、淳安、建德之外，辖有10个区；宁波市辖有6个区；而温州市呢？只辖有4个区。显然，温州城市主发展空间较之于杭州、宁波明显不足。

另外，国家级开发区，宁波市截至2018年有9家，分别是：宁波经济技术开发区、宁波大榭开发区、宁波石化经济技术开发区、宁波杭州湾经济技术开发区、宁波高新技术产业开发区、宁波保税区、浙江宁波出口加工区、宁波梅山保税区、浙江慈溪出口加工。而杭州市也有6家，分别是：杭州经济技术开发区、萧山经济技术开发区、杭州出口加工区、杭州高新技术产业开发区、萧山临江高新技术产业开发区、杭州之江国家旅游度假区。而温州市呢？只有2家，即温州经济技术开发区、温州国家高新技术产业开发区。省级发展平台就更不用比较了。

这几年，温州的发展大平台的争设，有两个比较大的动作：一个是洞头撤县设区，另一个是龙港撤镇设市。洞头县只有172平方公里，龙港市只有183.99平方公里，这两个地方面积都很小，发展辐射带动作用有限。

温州境内山多地稀，可用空间比较少是一个原因。但是还有一个重要原因就是，温州向上争取设立的积极性不高。这与温州文化有关，温州有句话叫：不找市长找市场。所以，温州这里要政策、要资源的意识不太强。你不找，别人积极在找，大平台自然放在别人那里了。

四

温州拓展大平台，机会在哪里？

2019年7月12日，温州市委十二届八次全会召开，作出了一个重大决定，即《中共温州市委关于全面提升中心城区首位度加快建设区域中心城市的决定》（下面简称《决定》），作出这个《决定》的背景就是要融入长三角一体化发展。《决定》提出了推进城市主中心一体化发展，推动中心城区向东面发展，加强南北副中心建设，打造西部重要发展极等思路。这些思路都很正确，但是，还没有看到实质性的具体举措跟进。为此，提出如下两个实质性的举措建议：

第一个举措建议是，把温州主城区做大。怎么做大？先考虑把永嘉县整个拉入市区（永嘉县的瓯北镇已经与市区连为一体了），成为第五个区，这样，温州市区的面积一下子可以增加2000多平方公里，比原来的规模翻一番还要大。

第二个举措建议是，设立瓯南新区。鳌江流域面积2300平方公里，人口230万，目前GDP达1100亿元，建立这一跨鳌江流域三个县级行政区的高质量发展大平台，实实在在推动鳌江流域一体化发展，打造成为温州发展新的重要增长极，成为新时期温州融入长三角一体化、海峡西岸经济区的主平台，成为我国沿海先进制造业、高新技术产业发展高地。再加上，龙港市担负探索国家新型城镇化综合改革任务，完全可以打造成为像义乌一样的全国标杆，以此带动区域一体化、高质量发展。

瓯南新区，或许可以承托新的希望！

2019年8月

龙港设市 与 区域高质量发展

加速了，鳌江流域一体化

2019年7月12日，温州市委全会通过了《关于全面提升中心城区的首位度，加快建设区域中心城市的决定》，这是温州市今后一个时期城市化发展的纲领。在这个纲领中，到2025年，提出了"一核两副三轴四带"的战略空间布局。

简单普及一下："一"就是一个城市主中心，包括鹿城、龙湾、瓯海、洞头、永嘉、瑞安（6个区、县、市）；"二"就是两个城市副中心，即鳌江流域（包括平阳县、苍南县和龙港市3个市、县）和乐清市（1个市）为南、北两个城市副中心。

鳌江流域作为温州城市化的南部副中心，这次尤其引人注目。有三个亮点：

一是提出了推动"鳌江流域一体化"发展，这是首次，之前是提出"鳌江两岸一体化"发展，两者有些区别；二是建立平苍协调发展机制，这是新提法；三是打造"美丽浙江南大门"，这是新提法，与苍南县此前提出的"浙江美丽南大门"有区别。下面，为你作一解读。

一、南部副中心、瓯南新区与鳌江流域一体化

2019年5月，中央政治局会议审议通过《长三角区域一体化发展规划纲要》，随后，长三角一体化核心区设立，长三角一体化提速。

从省内看，2019年4月，杭州成立跨大江东区、经济技术开发区的"钱塘

新区"；2019年5月，宁波成立跨余姚、慈溪、杭州湾新区的"前湾新区"；作为"铁三角"之一的温州，没有什么动作。

温州地处长三角、海峡西岸这两大国家级经济区的交叉处。但是，有点尴尬的是搭都搭得上，就是难以被辐射，北上长三角核心上海，距离400多公里，南下海峡西岸经济区核心平潭，也要400公里。所以，看到人家热火朝天，再不奋起，就会被边缘化。

外王先要内圣。先把自己全市域11000多平方公里范围内的城市化空间格局优化好，做大做强城市中心、副中心。所以，在这样的背景下，温州南部副中心——鳌江流域的价值就凸显出来了。

"鳌江流域"定位温州南部副中心，这是第一次真正意义上打破行政区划束缚做出的城市化空间布局。同时，提出"鳌江流域一体化"发展，这也是温州市区域内第一个提"一体化"发展的区块，在当前一体化发展的大趋势下，尤显价值。显然，这个区块下一步最令人期待的就是能否设立"瓯南新区"了。如果设立，那么在杭、甬、温的"铁三角"中，温州的这一短板就补上了。

需要指出的是，之前的2017年温州市委全会正式提出过推动"鳌江两岸一体化"发展。那么，"鳌江两岸一体化"与"鳌江流域一体化"有什么不同呢？

还是有一些不同。笔者的理解是，"鳌江两岸一体化"发展，注重鳌江南北两岸两个大镇——龙港、鳌江的一体化发展；而"鳌江流域一体化"发展，则注重鳌江流域2300多平方公里区域内的一体化发展，包括平阳县、苍南县、龙港市，甚至还包括源头的文成县。

二、平苍区域协调发展机制

就目前来说，龙港还没有批市，所以，平阳、苍南两个县就是推动"鳌江流域一体化"的主战场。所以，这次提出要建立平苍区域协调发展机制，十分必要。

这个区域协调发展机制，就是要具体落实如何推动"鳌江流域一体化"。这次提出了四个方面：一是规划政策相衔接，二是基础设施相联通，三是产业发展

龙港设市 与 区域高质量发展

相融合,四是公共服务相均衡。

这些内容非常正确,也非常必要。但是,没有讲由谁来做。估计下一步温州市委、市政府会成立一个推动"鳌江流域一体化"发展工作领导小组,来落实平苍区域协调发展机制。同时,也要成立一个针对"鳌江流域一体化"发展的决策研究咨询机构,来研究相关问题。这两个机构解决谁来做、做什么问题? 如果不成立,"鳌江流域一体化"发展就是一句空话。

6月26日,浙江省委书记车俊在浙江省推进长三角一体化发展大会讲话指出:

第一,落实"创新共建",下好转型升级"先手棋"。长三角高质量一体化发展,很重要的是体现在产业上,体现在科技创新上。

第二,落实"协调共进",推进区域间的协同发展。长三角区域一体化总体上要围绕以上海为龙头的长三角世界级城市群来展开,抓好示范区建设突破,推动中心区建设,继而辐射全域发展。

第三,落实"绿色共保",开辟绿水青山就是金山银山新境界。高质量一体化的长三角,必然是绿色美丽的长三角。

第四,落实"开放共赢",提升资源配置能力和市场竞争力。长三角是我国对外开放的前沿阵地,总书记说对外开放的门要越开越大,长三角就是其中一扇大门。

第五,落实"民生共享",增强人民幸福感获得感。长三角高质量一体化,最终要落到让"长三角人"共享一体化高质量的美好生活。

车俊书记的这段话,为推动"鳌江流域一体化"发展,提供了借鉴。

三、美丽浙江南大门

2012年,时任浙江省省长的夏宝龙考察苍南县,由于苍南县地处浙江省最南端,建议把打造"浙江美丽南大门"作为自己的战略任务。就这样,苍南县委、县政府自那时开始就明确提出了打造"浙江美丽南大门",并作为县域发展的主战略。

当时，在确定提"美丽浙江南大门"还是"浙江美丽南大门"时，有过斟酌，后来考虑突出浙江因素，就定下了"浙江美丽南大门"。

现在，温州市委全会明确提出打造"美丽浙江南大门"，这是对苍南县提出的"浙江美丽南大门"的一次升级，突出"美丽"内涵，这是当前高质量发展的现实需要。而且，"美丽浙江南大门"不仅仅指苍南县，更是对温州南部副中心的发展目标要求，包括苍南县、平阳县以及即将设立的龙港市，所以分量更重。

这次，温州市域设立南、北两个副中心，南部副中心要打造成为"美丽浙江南大门"，北部副中心要打造成为"诗画山水北大门"，一南一北，一个美丽，一个诗画，充分体现了绿色发展、生态文明的发展理念，充分体现了温州全市域高质量发展的理念，充分践行"绿水青山就是金山银山"的发展理论。

鳌江流域、一体化、美丽、浙江南大门，这些关键词构成了温州南部副中心的全部内涵，相信在不久的将来，"龙港设市、瓯南新区、美丽浙江南大门"等一系列目标，都会一一实现。

温州南部，会崛起为一块神奇的地方！

2019 年 8 月

苍南县旅游管理体制研究[①]

一、苍南县旅游业发展现状

近年来,苍南县委、县政府非常重视和支持旅游业的发展,已确立了旅游经济在县域经济中的重要地位,使苍南县旅游经济实力不断增强,旅游产业不断壮大,其作为国民经济战略性支柱产业和第三产业龙头的作用也越来越显著。据《2012年苍南县国民经济和社会发展统计公报》数据显示,2012年苍南县全年接待旅游总人数300.72万人次,同比增长19.3%,创旅游总收入29.93亿元,同比增长44.4%。自2010年以来,年均增长34%,占当年GDP总量的9.2%。截至2013年,全县共有省级风景区5个,市级风景区1个,县级风景区2个,大型旅游购物市场4家,星级(宾馆)饭店8家,旅行社13家,农(渔)家乐经营点68家,旅游从业人员达1.1万人,间接旅游从业人2万人次。以下主要从三个方面阐述苍南县旅游业发展现状。

1. 空间布局

"十二五"以来,苍南县形成"一中心三大板块"的旅游发展新格局。其中,灵溪镇作为县政治经济中心,交通状况得到较大改善,旅游集散功能日臻完善。

[①] 此文为2013年浙江省苍南县委政策研究室包括本人在内的多位工作人员合作完成的研究成果。

此外，苍南县旅游三大板块功能基本形成，南部的海洋旅游产业板块与北部的山岳休闲度假板块的底子较好，各有高星级龙头景区带动，发展迅速，而中部的生态乡村旅游板块起步晚，需要更多的资金和人力物力投入。

2. 项目建设

当前，苍南县重点开发建设和提升改造十个重点景区。其中，龙港旅游商贸城于2013年启动AAAA级旅游景区创建；炎亭—海口风景区于2012完成炎亭景区详细规划和炎亭景区综合整治，完成海口项目征地、供地，目前筹备挂牌；渔寮风景区完成详细规划，主入口进行施工图设计和地质勘探，完成土地预征85亩其中11亩完成供地，滨海栈道进行设计招标，争创AAAAA级旅游景区；蒲壮所城完成主要街区改造规划；玉苍山整体开发（合并莒溪大峡谷旅游区）已于2012年成功创建AAAA级旅游景区，并提出"五个一"整合大玉苍山景区的开发思路，完成莒溪景区控制规划；石聚堂风景区完成入口提升和部分游步道建设，进行石硐景点开发和九节龙广场设计；五凤生态茶园已经基本完成景观建设；世界矾都—矾山公园完成规划；马站生态农业观光园蒲城葡萄马站四季柚等农业采摘园初具规模；滨海自驾车乡村旅游开发（新增）完成规划。

3. 产业开发

苍南县旅游产业发展虽然已经积累一定规模，但旅游产业基础配套设施相对薄弱，旅游投入严重不足，宣传促销力度较弱，旅游产品结构还不能适应市场需求，产品配套程度不高，资源优势不能有效地转化为产业优势，主要表现在成熟的品牌特色餐饮不足、特色化的住宿系统还不完善、专运旅游交通和车辆还有待改进、旅游购物点较为分散等。

二、苍南县现行风景旅游管理体制及存在问题

2002年，县委、县政府根据当时风景旅游管理现状，经温州市编委批准，组建了苍南县风景旅游管理局，并将各基层风景旅游管理机构划归县风景旅游局统一管理，形成以条式管理为主的模式。目前，县风景旅游管理局下辖7个景区

管理所和县风景旅游监察大队，其中玉苍山风景旅游管理所与玉苍山林场合署办公，县风景旅游管理局以业务指导为主。目前，这样的管理体制存在以下几个问题：

1. 开发建设无序，旅游资源开发程度低

马站作为联动南北两大旅游板块发展的一个整体区块，旅游景点的开发建设缺乏统一有序的规划。新发展起来的农（渔）家乐以及生态农业还没有很好地与众多传统的历史人文景点旅游融合起来，你看你的古城，我玩我的沙滩，他摘他的农产品，各种旅游模式都是单独发展，使得各景点的旅游犹如一盘散沙，既发挥不了渔寮景区的"龙头"带动作用，也无法形成各个景点、各个旅游项目之间"珠联璧合"的联动效应。

2. 多头管理严重，景区管理维护效能低

苍南县旅游景点往往多头管理，存在扯皮现象，无法形成凝聚力，影响景区整体发展。如玉苍山风景区，隶属风景旅游局和林场双方管理；如碗窑景区，隶属风景旅游局和文化局等部门管理。当地镇政府却没有管理职能，存在协调难的问题。马站区域的旅游市场是由马站镇、岱岭乡、渔寮景区管理所、蒲城文保所等各自管理，渔寮风景区和蒲壮所城分别由渔寮景区管理所和蒲城文保所负责。在景区管理方面，马站镇与渔寮景区、蒲城文保所之间，存在着体制性问题。比如渔寮景区门票收益归景区管理所有，而景区内的卫生监督、安全生产、两违整治等各方面职责却归马站镇负责，造成景区管理"权责利"不统一，工作开展不协调，监管力度不到位，景区内安全生产、保洁、"拆违"等工作举步维艰；景区沙滩娱乐项目（沙滩摩托艇）和海上游乐项目（海上摩托艇、三轮车）等无证经营项目屡禁不止，存在很大的安全隐患；景区卫生保洁工作不同步，近岸沙滩环境遭到了破坏，景区存在大量违章建筑；污水管网设施不健全，排污管理缺位，渔寮景区内的宾馆、餐饮、渔家乐以及大部分的居民生活污水都直接排入沙滩，致使沙滩底部变黑变臭，存在着致命隐患。

3. 协调能力不足，旅游项目审批速度慢

旅游项目的开发建设涉及规划、环保、林业等多个部门，征地、拆迁工作又必须由乡镇开展，而景区管理也涉及多个部门利益。显然，县风景旅游管理局的综合协调能力较弱，在发展大旅游的背景下显得势单力薄，亟须一个能强势协调多部门的职能管理机构。比如在项目审批上，从立项至开工都是由旅游主管部门在一手包办，开工后转交地方。其间缺少充分的对接协调，致使部分项目旅游主管部门很积极，但不符合当地乡镇项目开发的实际等情况，立项后难以推进。此外，在审批速度上还需要再提速，特别是海域使用权审批等环节，还需要部门间加强协调，加快审批。

4. 基础设施融资困难，星级景区评选滞后

苍南县风景旅游事业仍处于初始阶段，而基础设施建设是景区提升的和旅游项目引进的形象工程，要有充沛的资金来源。从这几年来看，单靠每年1000多万元的旅游发展资金远远不够，而景区内旅游项目的收益（土地出让金）均由乡镇分得，不再投入景区，影响了景区配套基础设施建设和完善。此外，重点景区缺乏软硬件的足够投入，难达到国家规定的创建标准，直接导致了星级景区评选滞后。

5. 基层机构力量薄弱，旅游市场管理力不从心

景区管理已经从原先单纯的景区收费、资源保护，逐渐移向项目推进和旅游市场管理，以当前股一级机构负责庞大区域旅游市场和景区重大项目开发建设，已经无能为力。如金乡镇政府作为基层机构，更了解旅游景区实际情况，能及时掌握管理上出现的各种问题和突发情况，但没有行政执法权，旅游主管部门在金乡镇设置派出机构，但存在人员少、经费保障不足、执法不到位、景区建设追加投资力度不足等问题。

三、先进地区旅游管理体制的成功经验及做法

1. 桂林"大旅委"协调机制

1999年，桂林市成立了由市长亲自挂帅的旅游产业发展指导委员会（以下

统称委员会），分管旅游工作的副市长为副主任并兼任办公室主任，委员会下设办公室并直接对市委、市政府负责，负责全市旅游产业发展的重大决策，包括研究制定旅游产业规划、政策和措施，策划与指导旅游商品的开发建设，协调解决旅游产业发展过程中的重大问题等。桂林市旅游局仍作为政府主管旅游的行政部门对全市旅游业进行行业管理，侧重于对旅行社、星级饭店、景区景点、导游员等与旅游较为直接的方面的管理。

这种管理体制打破了部门之间的行政分割，强化了各政府职能部门之间的协调，避免了旅游局在与各职能部门之间沟通协调的低效性。目前苍南县旅游产业政策及其战略地位仍不明确，加之县风景旅游管理局协调各乡镇、部门的综合能力较弱，成立一个统筹协调能力更强、相关涉旅部门合力推进的工作机构很有必要。

2. 重庆江津四面山景区指挥部模式

2012年4月，为了争创国家5A级旅游景区，解决四面山景区交通条件较差、配套设施不齐、管理相对滞后等问题，四面山景区成立了以江津区政府区长为指挥长、相关部门单位为成员的创建工作指挥部。指挥部按照创建工作方案，将目标任务和责任分解落实到各部门、单位，并定任务、定进度、定责任，全区各部门、各单位各司其职，相互配合，密切联系，上下联动，形成了推进创建工作的强大合力。半年来，四面山风景名胜区项目完成年度投资目标的76.6%，大酒店、山林山庄改造、道路改造等项目快速落地并完工，旅游服务中心、旅游培训中心、停车场、广场等配套设施得到不断完善。

四面山景区指挥部模式和一般意义上的新区、工业园区开发建设指挥部一样，能集中力量办大事，改变景区开发无序、管理无章等现象。鉴于苍南县的旅游资源比较分散，县风景旅游管理局和乡镇的双重建设管理体制不利于旅游资源的集中开发建设和有效管理，可以借鉴这种指挥部模式，整合资源，集中精力开发建设旅游项目。

3. 遂昌县旅游委员会新增功能亮点

2013年8月，遂昌县撤销旅游局，成立遂昌县旅游委员会。委员会为正科级单位，并考虑高配副处，原旅游局的工作人员消化到旅游委员会。与原旅游局相比，委员会主要有两大亮点：一是新增涉旅项目审批职能，全县所有涉旅项目需先由旅委进行审核；二是新增旅游资源开发和项目运营的职能，把遂昌县旅游发展有限公司纳入委员会，作为下属国有企业事业单位，参照副科级管理，主要负责项目建设、经营管理、旅游商品开发和投融资运作。

遂昌县这种做法扩大了旅游主管部门相关职能及综合协调能力，加大了相关涉旅部门和主要旅游乡镇对景区开发建设的支持力度。鉴于旅游项目审批涉及部门众多，影响项目审批效率，且我县每年旅游发展资金严重不足，基础设施融资困难，遂昌县上述两个新增功能值得借鉴。

四、苍南县旅游管理体制改革的建议

针对苍南县旅游管理体制不顺的现状，县风景旅游管理局认为，目前县风景旅游管理局对相关涉旅部门和乡镇的综合协调能力比较薄弱，在苍南县三大旅游板块分设指挥部，集中力量建设管理景区比较适合苍南县情。马站镇建议，成立马站镇景区管委会作为马站镇旅游发展唯一管理机构，统一开发权、建设权、经营权、管理权。桥墩镇建议，成立桥墩风景旅游管理局（副县级单位），局长由县政府领导班子担任，副局长由县旅游、建设、林业、水利、交通、国土、文化等行政部门及桥墩镇的主要负责人兼任，实行"景政合一"的大部门管理体制，并成立桥墩旅游开发管理公司，具体负责桥墩景区的市场化运作。

借鉴先进地区旅游管理体制的成功经验和做法，结合县风景旅游管理局和重点旅游乡镇的建议，提出以下几点建议。

1. 成立苍南县旅游产业发展领导小组

由县长担任领导小组的组长，分管副县长、三个景区开发建设管理委员会主任为副组长，县府办、县旅游管理局、县发改局、县财政局、县住建局、县国土资源局、县交通运输局、县农业局、县林业局、县水利局、县海洋与渔业局、县环保局、县文广新局、县民宗局、县经合办（招商局）、县国资办、县"三改一拆"办等单位主要负责人和马站、桥墩、金乡镇等镇政府主要负责人为成员，领导小组下设办公室（设在县旅游管理局），县旅游管理局局长兼任办公室主任。领导小组直接负责全县旅游产业发展的重大决策，包括研究制定旅游产业规划、政策和措施，策划与指导旅游商品、旅游项目的开发建设，监督各管委会开发建设，协调解决旅游产业发展过程中的重大问题等。

2. 机构职能设置

在马站片区成立马站景区开发建设管理委员会，负责渔寮、蒲城、霞关、岱岭等景点的开发建设，重点推进渔寮风景区开发建设，丰富渔寮沙滩、雾城沙滩、凤凰湾旅游功能，以古城民俗体验、沙滩休闲度假、滨海运动娱乐和凤凰湾度假中心为内容，争取在五年内建设成为国家5A级旅游区。在桥墩片区成立大玉苍山景区开发建设管理委员会，负责玉苍山、碗窑、莒溪、五凤等景点的开发建设，重点推进玉苍山景区提升改造、玉龙湖景区提升建设和碗窑古村落提升改造三大工程项目的开发建设，争取在五年内成为国家5A级旅游区和浙南著名的山地休闲度假旅游目的地，同时以莒溪大峡谷旅游区作为玉苍山风景区旅游产品的有机补充，争创国家4A级旅游区。在金乡片区成立金乡景区开发建设管理委员会，负责金乡、炎亭、海口等景点的开发建设，重点推进金乡古城恢复性开发、金沙滩和海口区块统筹规划布局和一体化开发，不断扩大海鲜美食节的影响力，打造滨海运动休闲度假区。

以上三个管委会为常设机构，负责景区开发建设、招商引资、景区景点管理等工作。确定三位县四套班子领导兼任三个管委会党组书记、主任，相关镇的镇长兼任党组副书记，分管副镇长兼任党组副书记、副主任，管委会直接对县委、县政府负责。管委会内部设办公室、规划管理科、拆迁安置科、工程建设科、土地征用科、景点管理科，科室编制由县编办统一核定，在全县范围内调配、录用工作人员。

3. 相关涉旅部门单位职能定位

县风景旅游管理局更名为县旅游管理局，景区开发建设职能从旅游局划至各景区管委会。旅游局仍作为政府主管旅游的行政部门对全县旅游业进行行业管理，侧重于对景区景点、景区开发建设的业务指导、监督检查，对导游员的培训与指导，对旅行社、星级饭店等与旅游较为直接的方面的业务管理。县林业局和县文广新局分别负责对林场和文保单位进行维护管理，不参与旅游方面的管理。撤销苍南县风景旅游开发有限公司，组建马站风景旅游开发有限公司、桥墩风景旅游开发有限公司、金乡风景旅游开发有限公司，分别负责马站、桥墩、金乡片区旅游开发建设投融资任务。

"康养滋补"特色小镇研究[①]

一、前言

党的十九大提出要实施"健康中国"战略,把提高人民群众健康水平作为全面建成小康社会的主要目标之一。在这一政策指引下,健康滋补产业必将迎来新一轮的大发展,成为新时代产业升级发展的风口。

苍南县的灵溪镇,地处浙闽两省交界,以发展省际边界贸易起家,逐步发展成为浙江省商贸重镇,尤其是人参鹿茸冬虫夏草商贸业更是无中生有、一枝独秀,享誉国内外,2006年中国商业联合会授予苍南县"中国人参鹿茸冬虫夏草集散中心"这一称号。2018年市场交易额达50亿元之巨,其中,鹿茸交易额占全国的80%以上。但是,也要看到在激烈的市场竞争中,商业模式落后、产业特色不明显、产品附加值不高、发展空间过小、优秀人才项目难以引进等一系列问题制约着苍南县人参鹿茸冬虫夏草商贸业的进一步发展。

当前,借助特色小镇发展理念和一系列政策支持机遇,建设"康养滋补"特色小镇,在现有人参鹿茸冬虫夏草商贸业的基础上,发展健康滋补产业,促进产业、文化、旅游、社区融合发展,使之成为产业集聚的新平台、人才集聚的新社区、资本集聚的新高地,这是当前推动苍南县人参鹿茸冬虫夏草等商贸业升级发

[①] 此文为2019年9月受浙江桐荷扬桐科技有限公司委托所作。

展的内在要求,也是苍南县商贸物流产业实现高质量发展、打造"美丽浙江南大门"的现实选择。

基于此,根据《浙江省特色小镇创建导则》《苍南县国民经济和社会发展"十三五"规划》《灵溪镇省级现代商贸特色镇创建方案》,现就苍南县"康养滋补"特色小镇项目开展专题研究,提出如下思路,供决策参考。

二、发展机遇和优势条件

1. 发展机遇和重要意义

(1)新时代实现高质量发展机遇。经过40多年的改革,中国发展进入了一个新时代。以习近平同志为核心的党中央提出了"创新、协调、绿色、开放、共享"的发展理念,坚持以供给侧结构性改革为主线,全面深化改革,全面依法治国,全面从严治党,实现从高速发展向高质量发展转变,到2020年全面建成小康社会,到2035年基本实现现代化,到21世纪中叶建成富强民主文明和谐幸福的社会主义现代化强国,实现中华民族伟大复兴。当前,中国正阔步走进世界舞台中央。

(2)实施"健康中国"战略机遇。着眼于国家综合实力不断提升、全面建成小康社会和人民群众对美好生活的新期待,2017年10月,党的十九大正式提出实施"健康中国"战略,并指出:"人民健康是民族昌盛和国家富强的重要标志。要完善国民健康政策,为人民群众提供全方位全周期健康服务,要坚持中西医并重,传承发展中医药事业,支持社会办医,发展健康产业。"2019年10月20日,党中央、国务院出台《关于促进中医药传承创新发展的意见》,支持中医药产业高质量发展。2019年10月25日,习近平总书记作出指示,要遵循中医药发展规律,传承精华,守正创新,加快推进中医药现代化、产业化。可以预见,健康产业必将迎来一轮爆发式发展,必将成为新时期产业升级发展的下一个风口。

(3)新一轮科技革命和创建"特色小镇"机遇。自21世纪以来,以新一代互联网信息技术、大数据、人工智能、生物基因技术为代表新一轮科技革命正在深刻改变经济社会发展态势。适应这一趋势,国家正在实施"中国制造2025"

计划，加快推进经济发展新旧动能转换和结构调整，产业发展新思路、新业态、新模式层出不穷，为经济社会迈向新的更高水平发展创造了难得的历史机遇。

基于产业发展新思路、新业态、新模式的战略考虑，打破原有行政区划单元和产业园区固有思维，自2015年以来，浙江省率先推出"特色小镇"建设，继而在全国推广实施。"特色小镇"是具有明确产业定位、文化内涵、旅游和一定社区功能的发展平台，是新时期落实供给侧结构性改革、推动块状特色经济转型升级和动能转换的重要抓手。《浙江省特色小镇创建导则》（浙特镇办2015第9号）中明确指出：信息经济、环保、健康、旅游、时尚、金融、高端装备制造七大产业，以及茶叶、丝绸、黄酒、中药、青瓷、木雕、根雕、石雕、文房等历史经典产业，符合"特色小镇"申报的产业定位条件。

因此，拥有"中国人参鹿茸冬虫夏草集散中心"这一国字号牌子的苍南县，申报创建"康养滋补"特色小镇完全符合浙江省创建"特色小镇"的产业定位。通过整合现有灵溪镇省级商贸业发展规划空间平台，以互联网信息技术为支撑，对接国内创业投资资本，引进高端项目和优秀人才，申报创建"康养滋补"特色小镇，不但符合国家、省、市、县产业发展方向，从根本上提升灵溪镇创建省级商贸特色镇的产业档次，在更高水平上打响"中国人参鹿茸冬虫夏草集散中心"这一品牌，而且对于填补龙港市从苍南县分出后造成的产业缺位，推动苍南县实现高质量发展，打造"美丽浙江南大门"具有十分重要的现实意义。

二、优势条件

苍南县申报创建"康养滋补"特色小镇具有一系列得天独厚的发展优势，具体是：

1. 产业、市场优势

苍南县灵溪镇正在按照"两带多点"的空间规划，建设省级商贸业特色镇，特别是沿104国道线布局"中国人参鹿茸冬虫夏草集散中心"、浙福边贸水产城、浙闽台水产城、浙闽副食品商场、浙闽海西台湾商品交易市场、嘉恒家居广场、万顺广场、海西电商科技园、家电市场、家具市场、汽车市场等一系列市场群。

灵溪镇已经成为浙南闽东北地区名副其实的边贸重镇，商贸产业发展迅速、特色鲜明、前景看好。

其中，挂"中国人参鹿茸冬虫夏草集散中心"这一牌子的参茸市场，一期60多亩市场已经建成投入使用形成规模效应，入驻市场经营户400多户，年市场交易额超过50亿元，其中鹿茸交易额占全国的80%以上；二期55亩，建筑面积10万平方米，主体工程已经竣工，正在招商引资；三期为配套的物流仓储设施，占地30多亩。另外，向东、向南通过规划调整，还可以获得100多亩的市场后续发展空间潜力。

2. 区位、交通优势

苍南县位于浙、闽、台三省交界，是海峡西岸经济区、长三角经济区、台湾经济区等三大经济区块的交汇处，北上杭州市（高铁1小时30分钟）、南下福州市（高铁1小时）、东进台北市（温州至台北飞机53分钟）都是一小时交通圈。高铁、高速及复线、国道、省道穿境而过，苍南高铁站为县级始发站，辐射人口300万之众，日吞吐客源超过15000人次。苍南县崇家岙港口可以停靠40000吨级货船。"中国人参鹿茸冬虫夏草集散中心"市场群距离苍南高铁站不到1000米，距离苍南高速出口不到1500米，104国道就在市场门口。

3. 空间资源优势

现有的"中国人参鹿茸冬虫夏草集散中心"市场群周边还有丰富的土地空间资源，向北、向东还有大片的土地空间资源可以置换开发建设，南面的"浙南海西台湾商品交易中心"为临时租借用地，也可以置换开发建设。另外，周边乡镇、苍南工业园区、苍南县城新区等区块可以置换一定的空间用于配套项目开发建设，完全可以构建起比较理想的"一核、多片"的特色小镇产业发展空间布局。

4. 文化旅游资源优势

苍南县山海人文旅游资源极为丰富，境内有玉苍山（国家4A级旅游景区）、渔寮金沙滩（国内大陆架单体最大沙滩）、炎亭金沙滩、柳垄大沙滩、矾山矾矿工业遗址（国家重点文物保护单位）、碗窑古村落（国家 4A 级旅游景区）、金乡卫城、蒲壮所城（国家重点文物保护单位）、莒溪大峡谷、五凤香茗园等一系列旅游资源。还有多样性的地方文化，境内有五种地方语种，有颊䯲、布袋戏等国家级非物质文化遗产。这些丰富多彩的地方文化、历史文化、旅游资源为"康养滋补"特色小镇建设提供无限想象的文化元素、旅游元素。

5. 对台合作优势

多年来，苍南县利用自身"五缘"优势，设立了多个国家级、省级对台经贸合作平台（国家级台湾农民创业园、浙台经贸合作区、国家级对台小额贸易口岸、台商小镇），与台湾地区开展全方位的经贸合作，取得了一定成效，也积累了一定的对台经贸合作资源和工作经验。特别是中国台湾的生物科技产业发达，可以引进中国台湾的先进生物科技企业，依托苍南县"中国人参鹿茸冬虫夏草集散中心"的名贵中药材原料，进行联合研究开发，推动产业转型升级。

三、"康养滋补"特色小镇发展定位和总体目标

1. 发展定位

特色小镇是新时代贯彻落实坚持以人民为中心发展思想、实施供给侧结构性改革、促进产业创新升级的战略举措。特色小镇建设打破行政区划单元和产业园区平台的固有思维，以企业为主体，市场化运作，推动同业企业协同创新、合作共赢，推动产业、文化、旅游、社区融合发展，进而实现产业创新升级发展的新平台。

秉持这一发展思路，苍南县"康养滋补"特色小镇立足于"中国人参鹿茸冬虫夏草集散中心"这一国家级牌子的特色产业基础，依托灵溪镇浙闽边贸市场群的市场优势、产业优势、人才优势、区位交通优势、对台优势、旅游文化资源优势，整合优化灵溪镇省级商贸特色镇、苍南县城新区、苍南工业园区、苍南台商小镇及周边乡镇等产业发展平台的规划空间，以"中国人参鹿茸冬虫夏草集散中心"市场投资营运方——浙江桐荷扬桐科技有限公司为主体，通过市场化、资

本化、品牌化、信息化运作，引进国内外大健康产业的战略性项目和人才研发团队，建设成为集产业、旅游、文化、社区为一体，研发、生产、销售、服务、体验、品牌营运兼具，生产、生态、生活"三生"融合的国际康养滋补产业创新发展高地。

2. 总体目标

围绕打造"国际康养滋补产业创新发展高地"这一目标定位，立足苍南，辐射国内，面向全球，集聚高端要素，牵手战略资本，创新商业模式，拓展产业内涵，提升发展档次，计划在未来10年内分七期开发，投入280亿元以上，在现有"中国人参鹿茸冬虫夏草集散中心"一期商贸产业发展的基础上，完成二、三、四、五、六、七期项目建设和重要战略性项目入驻，把苍南县"康养滋补"特色小镇建设成为国家级商贸特色镇主平台、海峡两岸康养滋补产业合作示范区、中国滋补品交易所、国际康养山水田园智慧社区。

四、"康养滋补"特色小镇空间布局

根据《苍南县国民经济和社会发展"十三五"规划》《苍南县土地利用总体规划（2016—2020）》和《灵溪镇创建省级商贸特色镇方案》，结合"康养滋补"特色小镇发展战略定位和总体目标，在现有"中国人参鹿茸冬虫夏草集散中心"一期（60亩面积，400多家市场经营户）、二期（正在建设的"万通·金银岛健康产业广场"，55亩面积，10万平方米的市场商业店铺及配套设施）基础上，整合灵溪正在创建省级特色商贸镇及周边乡镇的规划空间资源，形成"一核、多片"的空间布局，总规划面积2.2平方公里。

"一核"，就是以现有的"中国人参鹿茸冬虫夏草集散中心"一期、二期空间区块为基础，向北、向东、向南拓展，形成250亩左右、40万平方米建筑面积的空间布局，作为"康养滋补"特色小镇的核心区块。

"多片"，就是在灵溪镇及周边乡镇空间规划范围内，设立康养滋补产业园（在灵溪镇境内，面积1500亩）、高端康养社区（在藻溪镇境内，面积1500亩），作为"康养滋补"特色小镇的主要区块。

五、"康养滋补"特色小镇产业选择

"康养滋补"特色小镇在产业选择上,坚持以新一代互联网信息技术为依托,借鉴上市公司"康美药业"的发展模式,打造"康养滋补"全产业链。坚持体现特色,注重产业配套,发挥区域优势,适应未来趋势。重点是:

1. 商贸仓储物流业

以灵溪镇创建省级商贸特色镇为契机,发挥浙闽边贸市场群的整体优势,继续打响"中国人参鹿茸冬虫夏草集散中心"这一国字号品牌,争设"中国'药食同源'商品交易中心"这一国字号品牌,以新一代互联网信息技术为支撑,以争取海关特殊监管政策支持,开展与阿里巴巴集团、浙江省中医药集团等合作,建设网上"中国人参鹿茸冬虫夏草集散中心"和阿里巴巴"菜鸟"苍南县中药材、滋补品、保健品市场物流仓储中心。同时,以"一带一路"倡议深入实施为契机,积极发展与沿线国家开展跨境中药材、保健品、滋补品交易。

2. 大健康产业

以养生药膳、智慧养老、专科医院、美容医疗、健康护理、基因检测、远程医疗、居民健康管理、健身休闲、数据信息等产业为主导,引进战略投资者、大型央企民企、投资基金,构建起立足苍南、辐射浙南闽东北地区的大健康产业集群。同时,积极开展与知名大学、研究院、医疗机构合作,与国内外高端健康医疗领军人才、团队建立长期合作发展框架机制,引进一批人才、团队、项目常年入驻,为大健康产业发展提供人才保障和智力支持。

3. 中医药业

开展基于互联网+中药材种植养殖平台建设,推广中药材无公害种植和综合利用、中药质量溯源检定、中药工业先进制造技术、中药健康产品制造技术和药材废渣利用,提高中药产品质量和安全水平;以人参、鹿茸、冬虫夏草、海参、鱼胶、燕窝等高级滋补品为主要生产原料,积极发展滋补品精深加工;同时,积极引进医疗器械制造、中医诊疗护理、中医美容、中医养生等产业,形成中医药

一、二、三次产业协调发展。

4. 金融期货业

借鉴郑州商品交易所、大连商品交易所做法，积极与中国证监会协调沟通，发挥"中国人参鹿茸冬虫夏草集散中心"的品牌优势、行业优势、市场优势、销量优势，争取在苍南设立中国滋补品交易所，带动苍南县滋补品产业实现跨越式发展，打造成为国内乃至全球有影响力的滋补品大宗交易中心。

5. 旅游业

以康养滋补为主题，以中医药文化体验为切入点，融入苍南县地方文化、历史文化、山海自然文化等元素，建设人参馆、鹿茸馆、冬虫夏草馆、燕窝馆等一系列滋补文化旅游景点，建设中医理疗、中药养颜、药膳养生、产品体验、休闲健身、健康咨询、名医诊治、体检检测、慢病管理为内容的中医药休闲体验特色街区，倡导一站式服务、沉嵌式体验、陶醉式休闲、旅游式治疗，打造4A级以上、以康养滋补为元素的主题文化风情旅游景区。

6. 教育培训业

以中医滋补、健康心灵、美颜养生为主要内容，开展社区化主题健康素养教育培训；开展基于新一代互联网信息技术、金融期货、大数据、人工智能技术、生物科技的从业人员职业技能教育培训；与国内著名大学、研究机构、专业协会开展合作，加强中医药材种植加工销售、医疗卫生、康养护理、市场营销、企业管理、旅游管理等专业技能教育和专门人才培养。

7. 会展业

以"2019首届中国·苍南康养滋补品博览会暨参茸采购节"举办为契机，大力推动会展业发展，把"中国·苍南康养滋补品博览会暨参茸采购节"办成永久性落户苍南县的国家级大型博览会，成为推动苍南县康养滋补产业高质量发展的引擎。同时，积极与其他国家级协会合作，争取类似的包括养生大会、中医药大会等国家级会展落户苍南县。

六、"康养滋补"特色小镇重点项目及开发时序

计划在未来10年内,由浙江桐荷扬桐科技有限公司("中国人参鹿茸冬虫夏草集散中心"运营商)牵头负责投资与开发建设,当地政府设计创造一系列相配套的优惠扶持政策,并引入国内外战略投资合作伙伴,分七期项目,投入280亿元以上,投资建设营运"康养滋补"特色小镇:

1. 一期项目:浙闽农贸综合市场提升工程。现有入驻商户400多户,占地60多亩,营业商铺3.5万平方米。再投入1亿元,统一设计装修改造,彰显地方特色文化元素、康养滋补文化元素、中药材文化元素,打造滋补品购物旅游风情街区,实现线上线下打通一体化营销,再造一个网上"中国人参鹿茸冬虫夏草集散中心",争取2021年上半年底完成改造提升。

2. 二期项目:万通·金银岛健康产业广场。该项目占地55亩,建筑面积10万平方米,由一幢19层写字楼和14幢商业店铺组成,总投资8亿元。截至2019年11月,14幢商铺已经竣工,19层的写字楼争取于2020年上半年封顶,争取于2021年底正式营业。

目前,正在策划举办2019首届中国·苍南康养滋补品博览会暨参茸采购节,办成一年一次的永久性落户苍南县的国家级博览会,提升"中国人参鹿茸冬虫夏草集散中心"的知名度和影响力。同时,与浙江省百年老字号研究院、中华老字号品牌委员会、中国商业联合会商品交易市场专业委员会合作、杭州电子商务研究院、浙江省电子商务促进会、浙江省中医药集团、浙江省求是药膳研究院等开展合作,引入一批中华老字号、特色农产品原产地品牌、知名滋补品商户和在外苍南县籍中药材滋补品商户,建设成为集滋补品保健品中药材交易、医疗美容、生物科技研发、居民健康管理、健身休闲、民族国药展示检测、基因检测、远程医疗、养生药膳于一体的健康产业综合体、中药材滋补品交易中心。

3. 三期项目:中药材、滋补品交易市场物流仓储中心。该项目位于二期项目北边,占地30多亩,投资5亿元,争取2023年建成投入使用。与阿里巴巴开展战略合作,依托阿里巴巴"菜鸟"仓储物流的先进管理技术手段,打造

成为阿里系的苍南滋补品、保健品、中药材市场物流仓储中心、温州海关保税仓库。

4. 四期项目："中国·苍南康养滋补品产业博览会暨参茸采购节"会展中心、中医及民族医药展示体验中心、康养滋补产业研发中心。该项目位于二期项目东边，可规划使用面积80多亩，需要政府进行规划功能调整，争取在2020年底动工建设，2023年竣工投入使用，总投资12亿元。

5. 五期项目：中国"药食同源"商品交易中心秘书处、中国滋补品交易所、中国农业科学院特产研究所南方检测认证中心、"苍南县康养滋补产业发展基金"执行总部。该项目位于二期南边，即现在的"浙南海西台湾商品交易市场"，占地面积20多亩，需要政府调整规划功能，项目总投资4亿元，争取2022年动工建设。

6. 六期项目：康养滋补产业园。该项目位于灵溪镇（考虑在苍南县城新区南扩区），需要进行规划调整，规划面积1500亩左右，总投资在150亿元以上，争取于2023年动工建设。借鉴先进的产业园区开发管理模式，引进包括中国台湾、日本、新加坡、欧美在内的一批高新技术企业，打造成为生物科技、医药医疗、保健品、美容护肤产业制造高新区、海峡两岸康养滋补产业合作示范区。

7. 七期项目：高端康养社区。该项目位于藻溪镇境内，规划占地面积1500亩，养老床位3000个以上，高层次人才住宅2000套以上，总投资100亿元以上，并引进战略合作伙伴，争取于2022年动工建设。借鉴台北市王永庆开发的高端养生社区管理营运模式，依山傍水开发建设康养山水田园智慧社区、高层次人才生活集聚区。

七、"康养滋补"特色小镇政策保障

开发建设"康养滋补"特色小镇，需要政策创新、体制创新、管理创新、模式创新。要借势借力，主动适应国内外宏观发展趋势，融入区域发展战略部署，积极争取各级政府的政策支持。通过企业主导、政府配套、资本对接、市场运作，使"康养滋补"特色小镇实现持续发展、绿色发展、和谐发展。

1. 土地保障

要积极谋划包装特色小镇一系列项目，分年度按计划有步骤地向上级争取用地指标。开发业主单位浙江桐荷扬桐科技有限公司要积极主动与苍南县人民政府、灵溪镇人民政府、藻溪镇人民政府及有关部门协调，将项目开发列入"十四五""十五五"国民经济和社会发展规划，落实重大项目的规划空间调整和功能改变，腾出项目土地空间，为加快推进"康养滋补"特色小镇建设提供土地空间保障。

2. 资金保障

要积极主动与资本市场、国家开发银行、大型商业银行、财团、投资基金、大型央企民企对接，通过战略合作、战略注资、项目贷款、合作开发等模式，为加快推进特色小镇建设提供资金保障。苍南县政府要牵头设立由民营企业、国资、投资机构组成的"苍南县康养滋补产业发展基金"，支持特色小镇开发建设。同时，制定一系列优惠政策，支持县内外金融机构向入驻特色小镇内的品牌商户、个体商户及其他经营户提供最方便的融资服务、供应链金融服务、跨境贸易金融服务、第三方支付服务。

3. 组织、人才保障

业主单位要建立一支高水平、专业化、战略型的投资、开发、建设、招商、运营、管理团队，负责"康养滋补"特色小镇系列项目的开发建设营运。苍南县政府、灵溪镇政府、藻溪镇政府及相关部门要同时组建一套高素质的领导班子及专业运行机构，负责"康养滋补"特色小镇建设的领导、协调、政策处理等相关工作。合作单位要派出优秀管理营运团队进驻项目现场，一线指挥管理，提升工作效能。同时，要量身定制一套人才奖励政策，积极与国内外大学、研究机构合作，引进一批高端人才团队、培养一批高素质专业人才，为"康养滋补"特色小镇开发建设管理营运提供人才保障。

4. 政策机制保障

业主单位、地方政府要积极向上争取特色小镇建设的各种政策、资源支持。

积极与浙江省证监局、中国证监会对接,在苍南县落地建成"中国滋补品交易所"。要积极向国台办争取,在苍南县设立"海峡两岸康养滋补产业合作示范区"。要争取中国商业联合会商品交易市场专业委员会在苍南县设立"中国'药食同源'商品交易中心"及秘书处。要积极争取中国农业科学院特产研究所在苍南县设立南方检测认证中心。要积极争取海关特殊监管政策,在苍南县设立保税仓库,支持"康养滋补"特色小镇建设。要借鉴其他地方类似的"特色小镇"开发建设管理经验,加快推进"康养滋补"特色小开发建设。

龙港设市 与 区域高质量发展。

苍南县"十四五"发展建议[①]

1. 商贸业发展实现新突破

特色商贸业是苍南县的招牌,有两张国字号牌:中国人参鹿茸冬虫夏草集散中心、中国浙闽台水产品集散中心,但是都没有打好。要政府介入支持发展,重点是发展参茸、水产,参茸要打造"康养滋补"为主题的特色小镇,实现走电商、全产业链、大健康产业的发展路子,水产要实现新老市场融合发展。要借助苍南县与浙江工商大学开展战略合作的已有资源,提升产业规划发展水平。

2. 产业平台实现升级

苍南县产业发展平台多而低,要整合县城新区、省级工业园区、台商小镇、浙台(苍南)经贸合作区,实行多区合一,争取在苍南县城申报创建国家级产业发展平台(国家级高新技术开发区、国家级经济技术开发区、国家级台商投资区),提升发展档次和水平。要重新研究定位国家级台湾农民创业园、国家级对台贸易口岸等国家级产业平台发展,要以前瞻性的眼光,为未来两岸关系积蓄力

[①] 龙港设市后,浙江省苍南县发展任务更加艰巨和充满挑战。如何直面问题、迎难而上,既一张蓝图绘到底,又实现新突破、新跨越?2020年4月7日,应温州市人大常委会副主任、苍南县委书记黄荣定邀请,本人就苍南县"十四五"发展与黄荣定书记做了深入交流,并经整理归纳,供决策参考。

量、夯实基础、率先发展。另外，要考虑纳入中国（浙江）自贸区温州联动创新区，以国家级的发展平台加上自贸区的政策创新，实现高质量发展。

3. 沿海岛屿开发列入日程

岛屿是苍南县的重要空间资源，也是重要发展平台。要对南关岛、北关岛、草屿岛、老君岛、官山岛、前屿岛进行分类调查分类研究分别规划，出台政策措施，鼓励私人投资，打造内容不一的主题概念岛，一岛一概念、一岛一创意、一岛一亮点，一岛一风情，提升旅游、带动人气及当地产业发展，成为经济新的增长点。

4. 旅游业提升影响力和知名度

苍南县的玉苍山、渔寮这两大自然生态景观非常优越，但是在国内的知名度和影响力不够，人气不旺。在做好旅游基础设施建设、申报5A级景区的同时，大力度推介宣传十分重要。同样，碗窑古村、金乡卫、蒲壮所、矾矿遗址，这些历史文化品牌需要大力策划、大力宣传，大力营销。

5. 乡村土地综合整治大面积推进，成为乡村振兴的主抓手

要全面规划、设计政策、加强领导、典型引路，在保证农民增收、政府增地、环境改善、产业发展的前提下，大力度推进。

6. 继续实施美丽工程，夯实浙江美丽南大门的微观基础

包括县城、乡镇、村居、街道、小区、家庭、单位、个人，打造全方位、宽领域、有深度的浙江美丽南大门升级版。

7. 建立决策研究咨询机构，提升县一级高质量发展决策水平，规避战略误判

可以定期与知名高校或研究机构开展研究咨询方面的战略合作，委托课题、项目，开展研究咨询服务，举行论坛研讨等咨询活动。支持本地区域经济社会发展研究咨询机构发展，充分发挥其促进本区域经济社会高质量发展的研究咨询作用。

8. 加大人才引进力度，弥补人才不足这一短板

要打破体制束缚，以薪酬制、雇佣制等方式聘请人才支持机关、企事业单位

对各类人才的需求。总结"科创飞地"做法，进一步坚定不移坚持走出去战略，依靠大城市在人才、技术、项目、信息、市场等方面的优势，借力发展。当然，可以考虑与龙港市、平阳县合作，创办大学，解决人才不足问题。

9. 融入区域发展，加强毗邻协同

苍南县是浙江省最南端，是浙闽两省边界地区，又是温州市实施大都市区战略、推动鳌江流域一体化发展的组成部分，龙港市刚刚从苍南县分出去，两地协同发展需求效应明显。因此如何适应区域一体化发展，加强合作协同，实现效益最大化，是一个方向。比如，苍南县司法局牵头探索浙闽边界地区人民调解联防联调工作机制就是初步实践，值得关注。再比如，苍南县浙福边贸水产城很大一部分海产品来自福建省宁德市，如何深入开展两地渔业合作，也是一个切入点。

10. 发挥浙江三澳核电项目对苍南县马站区域经济发展带动效应，形成新的区域发展核心

一是核电项目建设提升马站片区的整体基础设施水平；二是核电项目建设带动马站片区社会投资热情；三是核电项目人才集聚效应提升马站片区高端消费需求。要重新规划马站片区的发展定位和发展思路，提升区域发展水平和发展档次，打造成为苍南县域经济重要增长极、浙江省经济强镇、旅游名镇。

"中国（金乡）徽章博物馆"项目策划[①]

一、前言

金乡镇，是浙江省苍南县下属的一个建制镇，位居浙江之南、东海之滨，面积52平方公里，人口7.6万。公元1387年，明朝信国公汤和在这里设置抗倭卫城，戚继光、郑成功等历史名人曾经来到这里，留下诸多历史遗存、文化遗迹。这里人杰地灵、文化灿烂、经济发达，走出了王均瑶、黄伟等一批知名民营企业家。

苍南县金乡徽章厂也是金乡镇知名民营企业之一。创办于1983年，以开发、设计、制造销售各类徽章为主业，经过38年艰苦创业，现在发展成为我国徽章行业领军企业，2019年产值超亿元，列浙江省苍南县重点工业企业第五位。金乡徽章成为"中国创造"的代名词，"徽章联合国、徽章大王"等荣誉称号成为业内共识。

企业负责人陈加枢是一位传奇人物。他于1955年出生于浙江省苍南县金乡镇一普通家庭，青年时期响应国家号召参军，成为一名铁道文艺兵。面对20世纪80年代初期改革开放的滚滚洪潮，思维敏锐、意志坚定的他，退伍回来随即投身到徽章产业发展之中，从此一发不可收。1986年9月，突发奇想在上海外滩举办苍南县金乡徽章厂产品观摩会，敢于摆下"擂台"，以过

[①] 受苍南县金乡徽章厂委托，对"中国（金乡）徽章博物馆"项目如何建设营运做了研究，供其决策参考。

硬质量叫板国内同行，轰动了整个上海滩，时任温州市副市长马云博为观摩会题词，上海电视台连续播放实况。一时间，来自国内外的订货客商纷至沓来，在国内树立起自己的品牌。自此以后，一部分国内外高档次、高规格、大事件的徽章标识制造项目由苍南县金乡徽章厂生产，包括1990年亚运会开幕式纪念章、东亚运动会纪念章及奖章纪念品、1994年美国足球世界杯纪念章、2002年韩日足球世界杯纪念章、1996年全国残运会纪念章、1997年驻港部队和1999年驻澳部队服饰标志，还有自1991年以来先后为联合国维和部队以及美国、英国、俄罗斯、日本、沙特阿拉伯、阿根廷、老挝等国家军警界生产制作100多个品种的各式徽章、服饰标识。2012年中组部指定苍南县金乡徽章厂为全国党员徽章的定点生产企业。多年来一直为中国人民解放军试制部队服饰标识，并授牌"科研试制基地"。苍南县金乡徽章取得的发展成就，也引起各级领导、媒体的高度关注，新华社、人民日报、中央电视台、解放军报、纽约时报、路透社等国内外知名媒体纷纷报道。至此，苍南县金乡徽章厂和陈加枢名声大振，各种各样的头衔和荣誉加冕其身，成为新时期温州民营企业创新发展的一面旗帜。

发展壮大起来的苍南县金乡徽章厂和陈加枢当然不会满足于现状，在生产经营过程中，富有文化底蕴的陈加枢特别重视收集保存各种各样的徽章、模具和标识，包括自己生产加工的、也包括国内外其他企业生产加工的徽章标识产品。同时，爱好收藏的他，也收藏了大量古玩、器玉、字画、古民居。基于这样的考虑，他提出了创办"徽章博物馆"的设想，以传承发扬徽章文化，激励更多民营企业创业创新、升级发展。在多次向县、市人代会提案建设"徽章博物馆"的情况下，得到了市、县两级政府的高度重视和大力支持，2019年苍南县人民政府同意拨批30亩土地支持建设"徽章博物馆"，打造成为苍南县乃至温州市、浙江省企业文化建设的地标。受苍南县金乡徽章厂委托，现就中国（金乡）徽章博物馆项目制定如下建设及营运方案。

二、背景意义

在迈向中华民族伟大复兴的征途上，习近平总书记提出了四个自信，即道路自信、理论自信、制度自信、文化自信。可见，文化在实现国家富强、社会进步、民族振兴中的重要性。对于企业也是一样。在实现增长、创造效益、服务社会的过程中，重视企业文化建设无疑是一个企业走向成功、创造辉煌的最重要力量源泉。

温州是我国民营经济发展的先行区、示范区，为我国民营经济高质量发展做出了巨大贡献。新时期，习近平总书记对温州提出了"续写创新史"的重要指示，也为温州民营经济指明了发展方向。对温州民营企业来说，在实践"两个健康"过程中，续写创新史不仅仅是继续推进产品创新、服务创新、管理创新、制度创新，更是要突出文化创新。以文化创新引领民营企业发展，打造成为"两个健康"先行区的标杆，这是新时期温州民营经济高质量发展的方向。

在这一发展态势下，苍南县金乡徽章厂坚持以习近平新时代中国特色社会主义思想为指导，以供给侧结构性改革为主线，回应人民群众对美好生活的向往，始终坚持对标国际一流水平，不断研发创新产品及服务，不断占领国内外高端市场和用户，树立起金乡徽章的独特品牌，赢得了"徽章联合国""徽章大王"的荣誉称号。在发展生产、创造价值的过程中，形成并塑造了独具特色的金乡徽章文化，这种文化就是不断追求卓越的质量至上文化，不断开拓创新的产品升级文化，不断深化内涵的品牌引领文化，这也是苍南县金乡徽章厂38年间实现从小到大、从国内到国际、从"中国制造"到"中国创造"而长盛不衰的奥秘所在。

苍南县金乡徽章厂以一己之力，投巨资创办中国（金乡）徽章博物馆，身体力行推动企业文化建设，其目的就是为了进一步总结、传承并弘扬金乡徽章文化、推动企业创新升级发展、促进"温州模式"再创辉煌，步伐领先，精神可嘉，意义重大。

有助于推动企业转型升级。苍南县金乡徽章厂建立38年来，一直致力于推动徽章系列产品开发制造销售，市场不断扩大，质量不断提升，服务不断完善，赢得了广泛赞誉，树立了良好品牌。但是，随着竞争的加剧、市场的分割和利润的消薄，企业发展也面临着巨大的挑战。再加上新型冠状病毒肺炎疫情持续影响，出口订单遭遇大幅压缩，使得企业发展必须面对现实，走转型升级发展之路。创办中国（金乡）徽章博物馆，就是在巩固传统徽章产业基础上，推动企业从单纯从事产品加工制造向发展文化产业转型。

有助于引领区域文化发展。苍南县金乡徽章厂是苍南县乃至温州市、浙江省的一种文化名片。在长期发展过程中,形成了"徽章联合国""徽章大王"的知名度、美誉度和影响力,其不断追求卓越、开拓创新、文化至上的发展理念,已经成为温州民营经济高质量发展的代名词。创办中国(金乡)徽章博物馆对于打响以徽章为主题的区域文化发展品牌、带动区域地方特色文化发展具有示范引领作用。

有助于提升"中国创造"在全球的影响力。苍南县金乡徽章厂是一家具有一定国际影响力的民营企业,生产全世界100多种的徽章和标识,生产具有世界性影响的运动会的奖章和纪念章。这些产品量大面广,而且是一大批重要群体在长期使用或收藏,其实这就是最好的广告,其产品质量代表了国家形象,是新时期"中国创造"的代名词。这些年,苍南县金乡徽章厂始终以国际一流质量赢得了广泛赞誉,这为温州、浙江以至国家争得了荣誉,提升了影响。创办中国(金乡)徽章博物馆无疑是苍南县金乡徽章厂推动高质量发展的一项重要举措,势必让这一"中国创造"影响力得以进一步提升。

三、关于馆名

38年间,苍南县金乡徽章厂从一个小厂发展成为"徽章联合国""徽章大王",没有改变或升级厂名。现如今,苍南县金乡徽章厂已经成为一个具有国际影响力的知名企业,"金乡徽章"成为"中国创造"的代名词。

金乡镇也是浙江省历史文化名镇,文化底蕴深厚。近现代以来,金乡出了很多名人,包括殷汝骊、殷一璀等一大批精英。改革开放初期,金乡人头脑灵活、改革创新,先后创造出了"浮动利率、挂户经营、私人包机"等多项全国第一的改革创举,成为"温州模式"的重要发祥地之一,金乡的叶文贵是全国制造电动汽车的第一人,金乡的"四小商品"一度风靡全国。因此,金乡镇也是一个有全国影响力的重要文化IP。

鉴于金乡徽章的名气及文化底蕴,再加上金乡徽章在国际上的知名度、美誉度和影响力,建议以国家级博物馆馆名来进行命名,宜取名为:中国(金乡)徽章博物馆或中国·金乡徽章博物馆。相比较而言,中国(金乡)徽章博物馆这一名字最好。

四、关于徽章文化

创办中国（金乡）徽章博物馆，最重要的是向世人展示独特的金乡徽章文化，这是创办中国（金乡）徽章博物馆的目的和核心价值所在。

金乡徽章文化的形成伴随着苍南县金乡徽章厂38年来不断发展壮大的过程。从改革开放初期解放思想冲破藩篱发展金乡"四小商品"，到1996年单枪匹马上海滩上设擂一炮打响，再到定制美国海军陆战队徽章华夏为之惊艳，再到世界杯足球赛、亚运会奖章纪念章以及100多个国家的军队徽章和服饰标识、9000多万中国共产党员的胸前党徽遍地开花的"徽章联合国""徽章大王"。一枚小小的徽章，见证了勤劳智慧的金乡人不忘初心、与时俱进、追求卓越、开拓创新的创业风采和人文精神。同时，也凝聚各行各业、世界各国的不同文化、不同信仰、不同价值观于这一"方寸天地"，让徽章始终与时代同行、与世界并肩、与文化携手，记录下一件件值得纪念的历史珍藏和美丽瞬间。而作为苍南县金乡徽章厂厂长的陈加枢，更是一位思维跳跃、笃志前行、超越自我的企业领导人，这一切成就的取得，离不开他的努力、他的奋进、他的担当，在他的身上也集中展现了金乡徽章文化的精神内涵。因此，金乡徽章文化的内涵可以概括为：

不忘初心，坚持主业。这是苍南县金乡徽章厂38年的选择，也是浙江省苍南县金乡镇企业家群体的一大特点。在变幻莫测的宏观发展背景下，在充满诱惑的市场巨大利益面前，始终坚持党的领导，始终保持战略定力，一心一意做好主业、做好实体经济、做好制造业，这是苍南县金乡徽章厂成功的经验，也是金乡徽章文化的重要内涵之一。

开拓创新，追求卓越。坚持主业、坚持实体，这是战略，在细分领域做到极致，成为行业冠军，这是战术。苍南县金乡徽章厂战略战术兼顾，以强大的研发设计团队为支撑，以满足全球用户不同需求为己任，高端定位、量身定制，不断推动产品升级、技术升级、服务升级、品牌升级，赢得了业内一致认同"徽章联合国、徽章大王"的赞誉。

为国争光，服务全球。立足金乡，放眼全球，这是苍南县金乡徽章厂成功的奥秘之一，也是金乡徽章文化的深刻内涵所系。走出国门，拥抱世界，以一流的产品、一流的服务，展现"中国创造"的风采。在为全球高端用户服务的过程中，实现自身价值，创造良好效益，为国家赢得荣誉，为打造"人类命运共同体"做出贡献。

五、发展目标定位

中国（金乡）徽章博物馆坚持以习近平新时代中国特色社会主义思想为指导，以供给侧结构性改革为主线，按照温州市建设"两个健康"先行区、苍南县建设"浙江美丽南大门"的战略部署，立足金乡，面向温州，放眼全球，以金乡卫城600年历史文脉为依托，以挖掘整理弘扬金乡徽章文化为主题，以资本营运为纽带，携手战略投资者，创新商业模式和营运体制，与苍南县金乡徽章厂、世界徽章文化与产业发展高峰论坛形成"一馆、一厂、一论坛"协同发展格局，合力打造"金乡徽章文化产业园"，带动徽章文化产业、地方文化事业、旅游休闲产业、展会产业发展，力争通过10年左右建设营运，打造成为世界级主题博物馆、我国企业文化建设标杆、"温州模式"创新发展旗帜、民营企业高质量发展示范，为区域高质量发展、全面建成小康社会、实现中华民族伟大复兴做出更大贡献。

世界级主题博物馆、我国企业文化建设标杆。徽章既是一种产品，更包含着深厚的文化内涵。军徽、党徽、体育奖章、活动纪念章等都是各行业各领域的不同文化在徽章上的凝结和展示，从这个意义上讲，徽章产业就是文化产业、创意产业。苍南县金乡徽章厂产品研发设计制造独具匠心、与时俱进、精益求精，深受世界各国喜爱和认同，世界各国100多种军队徽章及服饰标识均来自这里，是新时期"中国创造"的代名词。为了充分展示数十年来世界徽章文化的发展历程和文化底蕴，苍南县徽章厂决定投巨资创办主题博物馆，规划面积200多亩，把几十年来为全球各地设计制造的各式各样徽章集聚在一起进行展示，让世界各地各行业的不同文化以徽章形式在这里交融碰撞，这一文化奇观在国内外独树一帜，绝无仅有，无疑是新时期我国文化建设的创举。

"温州模式"创新发展旗帜。改革开放初期,勤劳智慧的金乡人创造出"浮动利率、挂户经营、私人包机"等改革创举而蜚声海内外,成为"温州模式"的重要发祥地之一。尤其是,金乡"四小商品"是改革开放初期温州坚持市场化取向改革、积极发展民营经济的标志,这"四小商品"分别是:铝质徽标、硬塑料片、塑料红膜和涤纶商标,其中铝制徽标就是金乡徽章。在数十年发展历程中,唯有金乡徽章一直坚持主业不动摇、不断推进产品创新、不断扩大国内外市场规模、不断提升产品文化内涵,实现从小到大、从国内到国际、从"中国制造"向"中国创造"跨越。尤其是,面对复杂多变的国内外宏观形势,苍南县金乡徽章厂成功走出了一条民营经济创新发展之路,显然,这是新时期"温州模式"创新发展的一面旗帜。

民营企业高质量发展示范。数十年来,面对发展环境、市场需求不断变化,苍南县金乡徽章厂始终坚持不忘初心,一步一个脚印,坚持做大做强自己的徽章主业,以研发设计创意入手不断提升产品质量,以品牌塑造营销入手不断拓宽国内外市场规模,从加工型企业向研发型、数字型企业跨越,从"中国制造"向"中国创造"跨越,无论产品、品牌、服务、技术都不断迭代升级,做到了细分领域的行业冠军,即业内称赞的"徽章联合国、徽章大王"这一荣誉等级。而中国(金乡)徽章博物馆的创办,更是把徽章产业推向一个新的高度,开辟了徽章产业发展的新时代,显然,这是温州民营企业高质量发展的典型示范。

六、项目谋划、空间布局及建筑风格

中国(金乡)徽章博物馆选址在浙江省苍南县金乡镇沿龙金大道金乡转盘段的西侧,占地面积30亩(苍南县政府下拨的正式土地指标)。另外,在场馆的南侧、西侧再流转70亩左右土地(农民土地经营权流转指标),用于配套的河流、绿化及公园建设。未来在场馆的北侧再征地100亩,建设五星级酒店、"世界徽章文化与产业发展高峰论坛"永久性会址等配套项目。形成包括苍南县金乡徽章厂、中国(金乡)徽章博物馆、世界徽章文化与产业发展高峰论坛三大项目在内的"金乡徽章文化产业园"的整体产业空间布局。

其中，中国（金乡）徽章博物馆及其配套设施形成200亩左右面积的空间规模，在苍南县乃至温州市、浙江省都首屈一指、独树一帜。项目分三期谋划推进：

第一期项目用3年时间规划建设完成30亩面积的博物馆主体设施，包括两幢大楼、道路、停车场、绿化、小公园等。楼一为博物馆的展览区，楼二为产业发展办公区。按照朝南坐北的设计布局，两幢楼面朝苍南县金乡徽章厂，背靠金乡高级中学，东临龙金大道，西望山体，两幢楼之间建立空中廊道联通，地下配置200个左右停车位。其中初步设计考虑，楼一占地面积4670平方米，建筑面积25330平方米，共8层；楼二占地面积9640平方米，建筑面积9131平方米，包括大院、城墙空间、绿化，建筑面积9131平方米，共5层。

第二期项目用2年左右时间规划建设南侧、西侧的河流、绿地、公园以及其他辅助配套设施建设，使整个博物馆的各种建筑元素浑然一体、错落有致、格调高雅，体现出中国（金乡）徽章博物馆的气派和底蕴。

第三期项目用5年左右时间在中国（金乡）徽章博物馆的北侧再征地100亩，建设"世界徽章文化与产业发展高峰论坛"永久性会址等配套设施。

在整体建筑风格设计时，注意吸收金乡古卫城、苏州园林、徽派建筑、徽章文化、苍南县江南水乡文化等多方建筑、文化、艺术元素，与周边的山、水、海、林、田等自然生态元素相协调，集展览、旅游、学习、办公、会议、产业发展等多种功能于一体，成为区域性产业地标、文化地标、旅游地标、学习地标。同时，要整治周边生产、生活、生态环境，完善区域配套的交通旅游设施，修缮金乡古卫城的历史文化遗址，与中国（金乡）徽章博物馆发展目标定位互为补充、相得益彰。

七、展览内容及功能设置

中国（金乡）徽章博物馆的展览内容由三大板块组成：

一是徽章博物馆。主要展览自改革开放以来，苍南县金乡徽章厂的发展历程、各种荣誉、领导视察题词、媒体报道；分类别展览全世界各种各样各个年代的徽章及标识；展览徽章生产设备、模具演变过程及样式、生产工艺流程等。

二是陈加枢艺术收藏博物馆。主要展示陈加枢先生多年来收藏的各种各样的玉石、字画、化石、家具、根雕、奇花异草、木制品、古民居、地方非遗等系列艺术品。

三是金乡卫城文化馆。主要展示600多年金乡卫丰富的历史文化，展示改革开放以来金乡人的发展成就，体现出金乡人"敢为人先、包容创新"的时代精神，打造成为对外宣传金乡的名片、窗口。

中国（金乡）徽章博物馆的功能设置为四大功能：

一是展览功能。主要包括徽章博物馆、陈加枢艺术收藏博物馆、温州改革馆等部分，带动区域发展主题展览、特色展览、个人艺术展览等产业。

二是旅游功能。配套建设各种人性化、互动化、个性化、智能化的旅游休闲娱乐服务设施，适合各类群体重点是面向中小学生旅游参观，带动发展特色精致型旅游产业。

三是学习功能。主要是举办各种文化艺术讲座、培训、研讨、交流、创作、展览，设立区域内知名文人墨客工作室、能工巧匠工作室、大师工作室，带动发展文化创意产业。

四是产业功能。成立浙江金乡徽章文化发展有限公司，以苍南县金乡徽章厂、中国（金乡）徽章博物馆为依托，投资营运区域文化产业、文化项目，推动企业多元化发展。

八、管理营运和政策支持

中国（金乡）徽章博物馆由浙江金乡徽章文化发展有限公司成立团队进行市场化、专业化、精准化管理营运。在管理营运中，做到五个借力：

一是借助苍南县金乡徽章厂的名气，扩大中国（金乡）徽章博物馆在国内外的知名度、美誉度和影响力，尽快形成世界级博物馆的辐射效应。

二是借助所在地金乡镇作为浙江省历史文化名镇的名气、金乡卫600多年积淀的文化底蕴、从金乡走出去的诸多名人资源，提升中国（金乡）徽章博物馆的知名度、美誉度和影响力，形成与区域文化、产业协调互促发展态势。

三是借力国内高校、顶级社会组织、名人、名企，开展文化、教育、艺术、旅游、理论等方面的交流与合作，设立若干个"大师工作室"，实现强强联合。

四是借力世界级论坛。筹划举办"世界徽章文化及产业发展高峰论坛"，每年举办一次，建议由国家文化部、浙江省人民政府主办，温州市人民政府承办，会址永久性落户中国（金乡）徽章博物馆。

五是借力战略合作伙伴。以资本营运为纽带，在运营管理好中国（金乡）徽章博物馆的同时，投资区域重大文旅项目包括金乡徽章文化产业园、金乡古卫城修缮工程、世界徽章文化与产业发展高峰论坛等项目，争取包装上市，实现跨越发展。

在政策支持方面，争取列入国家和省、市、县重大文化工程建设项目，列入重点文化企业，享受包括税费减免在内的相应政策待遇。要与旅游、文化、教育部门联手合作，依托其资源政策优势，打造成为区域性文化旅游、学校教育、中小学生研学的网红打卡地。积极对接"温商回归"工程、省重大项目工程，包装捆绑多个项目，实现用地指标省级统筹单列，政策支持实行"一事一议"。

九、其他

与中国（金乡）徽章博物馆项目建设同时推进的其他配套软件项目，包括：一是建立"金乡徽章智库"或"徽章产业研究院"。与其他专业智库开展合作，委托邀请专业人士担任专兼职研究员和政策顾问，提升项目谋划决策、运营管理和产业发展能力，帮助培育建立相关人才团队。二是创作出版一本以苍南县金乡徽章厂和陈加枢本人38年创业创新的传奇历程为题材的人物传记——《徽章大王》，预计2年时间完成创作出版，在博物馆落成时与广大读者见面，扩大影响力。三是拍摄制作一个权威的10分钟的高质量专题宣传片《金乡徽章》，作为中国（金乡）徽章博物馆的观众进门参观必看的形象宣传片，一年时间拍摄制作。四是设计出各种主题的系列徽章文创品，满足不同旅游群体的需求，作为中国（金乡）徽章博物馆主打的旅游纪念销售产品。五是开发"金乡徽章"App、微博、微信公众号、抖音号，建立专业网上宣传营销团队，开展网上直播宣传销售。

龙港设市与区域高质量发展

苍南县人民调解员队伍建设的思考[①]

当今世界，非诉讼纠纷解决方式已成为一种潮流，发挥着与诉讼同样重要的社会治理功能。在我国，作为一项社会主义社会的法律制度，人民调解在经济社会发展中发挥着越来越重大的作用，它是预防和化解人民内部矛盾、减少犯罪率、促进社会和谐稳定的"第一道防线"。近年来，随着社会对多元纠纷解决机制需求的增加，人民调解在弥补诉讼不足、节约司法资源、减轻法院压力等实践方面发挥着不可替代的作用。基于此，各级党委、政府及司法行政部门对人民调解工作高度重视，把它列入社会管理综合治理的重要工作来抓，以此推动治理能力和治理体系的现代化。

苍南县位于浙江省最南端、浙闽两省交界处，有"浙江南大门"之称，是全国县域经济综合实力百强县、浙江省第一人口大县。其中，陆域面积1261多平方公里，海域面积3780多平方公里，海岸线长168.8公里，辖19个乡镇，户籍人口135万，2018年实现地区生产总值560.59多亿元，财政总收入62.09多亿元。历来"宗族、宗教、宗派"等社情民意十分复杂。改革开放以来，随着经济社会的快速发展，大量的矛盾纠纷集聚凸显爆发，与此相对应的，人民调解受理的矛盾纠纷从传统的婚姻家庭、邻里纠纷、小额债务、轻微侵权等向土地承包、拆迁安置、合同纠纷、劳资纠纷、交通事故、环境保护等热点、难点的矛盾纠纷

[①] 此文为2019年受浙江省苍南县司法局委托所作的课题研究成果。

扩展。这些量大面广、时代性专业性很强的矛盾纠纷对人民调解工作提出新的更高的要求。

在人民调解工作实践中，苍南县建立了以县级矛盾纠纷"大调解"协调中心为主导、乡镇村居人民调解委员会为基础、专业性和行业性人民调解组织为补充的人民调解组织架构体系及运行机制，总体上做到了矛盾纠纷地区行业全覆盖，排查化解工作平稳有序推进，切实发挥出人民调解工作的应有作用。但是，也要看到适应供给侧结构性改革和全面建成小康社会的要求，人民调解工作无论在机构设置、人员配备、后勤保障、机制创新等方面均还有较大差距。在影响人民调解工作成效的诸多因素中，人民调解员队伍建设是关键性因素，直接决定着人民调解工作成败。建设一支高素质的人民调解员队伍，发挥人民调解员在人民调解这一运行架构体系中的核心作用，切实提高人民调解工作科学性、针对性、实效性，这是当前推动我县人民调解工作高质量发展的重大课题。

本文以苍南县人民调解员队伍建设为研究对象，分析苍南县人民调解员队伍建设现状及存在的问题，并提出建设一支高质量的人民调解员队伍的对策建议，供决策参考。

一、人民调解及人民调解员队伍建设现状

1. 人民调解工作现状

多年来，苍南县人民调解工作在县委、县政府的高度重视和正确领导下，在建设"平安苍南、法治苍南、和谐苍南"的实践中，紧紧围绕全面建成小康社会、加快建成"浙江美丽南大门"的这一战略目标，始终坚持以问题为导向，按照哪里有矛盾纠纷，哪里就建立人民调解组织的做法，搭建起以县级矛盾纠纷"大调解"协调中心为主导、乡镇村居人民调解委员会为基础、专业性和行业性人民调解组织为补充的人民调解组织架构体系和运行机制，充分发挥好及时化解人民内部矛盾、减少犯罪、促进社会和谐稳定的"第一道防线"作用，取得了较好的成效。截至 2018 年底，县、乡镇、村居三级人民调解机构数分别是：村居人民调解委员会 885 个；乡镇人民调解委员会

19个；行业性人民调解委员会19个；企业人民调解委员会21个；另外，还建起了个人品牌调解工作室20个，1个跨省界的浙闽毗邻地区人民调解联防联调工作机制及相应机构。这些人民调解机构基本上实现了全县各地区、各行业、各领域的全覆盖，成为维护全县经济社会健康持续稳定和谐发展的重要基础。2018年全县各级人民调解组织共排查各种各类矛盾纠纷案件10570件，调解处理成功10516件，成功率达到99.49%，涉及金额达23788万元。从矛盾纠纷的类别来看，婚姻家庭、邻里纠纷、合同纠纷、劳动争议这四个方面纠纷案件数量，近5年来增长明显加快，2018年比2013年分别增长：68%、63%、133%、112%，成为矛盾纠纷的高发领域（见表1）。特别指出的是，自2018年9月以来，苍南县与福建省福鼎市共同建立跨省界浙闽毗邻地区人民调解联防联调工作机制以来，调解处理跨省区域矛盾纠纷69件，其中，化解信访案件29件、信访积案5件；调解处理海事渔事纠纷案件90件（其中，涉及福建省地区46件），调解成功率100%，成功走出了一条跨省界的人民调解工作新路子，也成为苍南县人民调解工作创新实践的一道亮丽风景线。2018年12月，浙江省司法厅蒋建森副厅长批示予以肯定，2019年2月出版的《人民调解》杂志对此进行了专题报道。

表1 苍南县2013年、2018年纠纷（部分类型）调解统计

纠纷类别	婚姻家庭	邻里纠纷	征地拆迁	合同纠纷	交通事故	劳动争议
2013年数量（件）	1135	927	112	476	3156	485
2018年数量（件）	1910	1514	28	1107	4040	1029

2. 人民调解工作机制创新

近年来，苍南县立足当地实际情况，在司法行政机关的积极努力下，不断推出人民调解的一系列创新思路举措，积极探索新时期人民调解工作新机制新模式，取得了一定的成效，也引起了上级领导、同行及媒体的高度关注。

一是探索建立浙闽省际毗邻地区人民调解联防联调工作机制。苍南县与福建省福鼎市是浙、闽两省接壤的两个县级行政区，作为省际陆域、海域边界接壤地区，人员往来、经济合作、文化社会交往、海上渔业合作十分频繁密切，各种矛

盾纠纷也量大面广，迫切需要建立起跨省界的人民调解机制和工作组织机构，来及时有效调解这些矛盾纠纷。为此，苍南县司法局与福鼎市司法局经过协商，建立了"浙闽毗邻地区人民调解联防联调协作机制"，两地各自同时成立联防联调工作领导小组、人民调解委员会，指导接壤乡镇、村（社区）成立联合调解委员会，实现省际毗邻地区人民调解工作的无缝对接。两地县级司法局建立联席会议、综合调处、领导包案、信息共享、培训交流、档案管理等六项工作制度。每年至少召开一次联席会议，至少举办一次调解人员培训班，建立毗邻地区矛盾纠纷专项档案。成立浙闽海上矛盾纠纷联调中心，制定《浙闽海上矛盾纠纷联调中心工作制度》，破解海洋渔业与海上矛盾纠纷调解难题，聘请70名相关领域专家破解海洋渔业与海上矛盾纠纷调解难题。

二是探索建立人民调解参与信访事项化解工作机制。苍南县是信访工作大县，信访事项中大量是民间一般性的矛盾纠纷，属于人民调解范畴。在信访工作实践中建立与人民调解工作的无缝对接，既能及时有效破解大量信访事项，减少越级上访，减少群体性事件，又能及时精准有效处置人民调解纠纷案件。为此，苍南县司法局主动与县信访局衔接成立访调工作领导小组，制定《人民调解参与信访事项化解工作实施方案》，成立温州市首个县级信访事项人民调解委员会和乡镇信访事项人民调解室。据统计，自2018年6月初到2018年10月底，全县各级人民调解组织排查信访纠纷21次，排查信访纠纷案件62件，受理信访纠纷16件，成功调解13件，调解不成功导入司法轨道1件。其中，调解初信初访11件，群体性上访1件，越级上访1件，信访积案2件。

三是探索建立并发挥个人品牌人民调解室作用的工作机制。2018年新建4个个人品牌人民调解室，使全县个人品牌人民调解室总数达到了20个。截止到2018年10月，苍南县个人品牌人民调解室共受理并成功调处矛盾纠纷940件，充分发挥了个人品牌的效应优势，有效化解矛盾纠纷，切实维护社会和谐稳定（见表2）。

四是探索建立政府购买人民调解服务机制。将苍南县现有45名行业性专职人民调解员全部纳入政府财政资金购买服务，2018年购买服务总金额为150万元，使专职人民调解员的人均年收入达到30000元以上。制定新的《苍南县人民调解"以奖代补"实施办法》，以人民调解信息系统数据输入为依据，将人民调解员的绩效考核纳入"以奖代补"计件奖励机制中，切实增强人民调解员工作的主动性和积极性，为今后人民调解员职业化发展探路。

表2 苍南县个人品牌人民调解室2018年调解矛盾纠纷统计

个人调解室名称	受理矛盾纠纷数量（件）	调处矛盾纠纷数量（件）	调处成功率（%）
县交通事故调委会洪振利	805	805	100%
县交通事故调委会陈钦仁	0	0	0
县交通事故调委会尤玫瑰	244	244	100%
县医疗纠纷调委会张学相	24	24	100%
县矿山井巷调委会陈平	0	0	0
县民商事调委会肖庆仲	433	433	100%
灵溪镇调委会潘志雄	2	2	100%
灵溪镇调委会肖运途	405	405	100%
灵溪镇调委会董华钦	784	784	100%
灵溪镇调委会陈君水	0	0	0
龙港镇调委会应学暖	236	236	100%
龙港镇调委会吴有化	447	447	100%
宜山镇调委会薛德舜	8	8	100%
宜山镇调委会杨成涛	4	4	100%
金乡镇调委会夏敬国	14	14	100%
矾山镇调委会郑德进	31	31	100%
马站镇调委会黄朝爱	25	25	100%
赤溪镇调委会李永淼	7	7	100%
霞关镇调委会陈体军	23	23	100%
钱库镇调委会黄开银	213	213	100%

3. 人民调解员队伍建设现状

做好人民调解工作，人民调解员是最重要、最核心、最能动的因素，直接关系人民调解工作成效，决定着人民调解工作成败。近三年即2016年、2017年、2018年，全县人民调解员总数分别是3061人、3004人、2683人，人数逐年呈大幅度下降。截至2018年底，在全县各级人民调解组织中，村居一级人民调解员共配备2502名，平均每个村居2.82名，且全部是村居"两委"干部兼职；乡镇一级人民调解委员会共配备了87位人民调解员，平均每个乡镇配备人民调解员4.58名，其中，专职37名，兼职50名；行业性人民调解委员会配备了59名人民调解员，每个行业单位平均为3.1名，其中专职人民调解员48名，兼职11名；企业人民调解委员会配备了35名人民调解员，每个企业平均为1.67名，其中，专职3名，兼职32名；全县专职人民调解员的比例仅为3.3%，高中以上学历的人民调解员则占73.6%。

从这些数据看出：县乡村各级、各重点行业企业基本上都配备了一定数量的人民调解员，虽然高中以上文化程度占多数，但是，在村居这一级还是由"两委"干部兼任人民调解员的做法普遍存在，由于受村"两委"干部的法律文化业务素质以及其他分管工作安排所限，显然，这一做法会削弱村级一级人民调解工作基础（见表3）。

表3　苍南县霞关镇南坪村2016—2018年人民调解工作数据统计

时间	调解员总数（人）	专职调解员（人）	高中以上学历（人）	当年离开调解员（人）	调解纠纷数量（件）	调解率（%）	年人均调解员补助（元）
2016年	3	1	2	无	30	98%	无
2017年	3	1	2	无	35	97%	无
2018年	3	1	2	无	28	96%	无

财政工作经费投入、人民调解员报酬、接受培训状况是衡量人民调解员队伍建设的三项重要评价指标。县、乡镇、村居三级组织机构及社会力量因地制宜、量力而行，积极投入一定比例的财政资金、社会资金加强人民调解员队伍建设，推动全县人民调解工作不断发展进步，但是也存在许多不足。

据统计，在最近三年中，即 2016 年、2017 年、2018 年苍南县司法行政机关指导人民调解工作专项财政经费投入分别是：29 万、14 万、22 万元，分摊到每位人民调解员分别为 94.7 元、46.6 元、82 元；财政补助人民调解委员会工作经费分别是 41 万、22 万、34 万元，分摊到每位人民调解员分别为 134 元、73.2 元、126.7 元。财政补贴专兼职人民调解员报酬经费分别是 201 万、241.7 万、117.42 万元，分摊到每位人民调解员分别为 656.6 元、804.6 元、437.6 元；2018 年财政聘用专职人民调解员经费为 160.5 万元，年人均为 18238.6 元，每月为 1519 元，而 2016 年、2017 年财政没有此项经费支出。在组织人民调解员业务技能培训方面，其中在集中性业务培训方面，2016 年、2017 年、2018 年分别为 185 人次、145 人次、125 人次，不仅培训人次极少，还呈逐年下降趋势。而近三年组织人民调解员参与诉讼案件观摩学习、集体外出参观学习均为零。可见，在组织人民调解员业务技能培训（包括上岗培训、在岗轮训、拓展培训、观摩培训）方面存在严重不足。

4. 小结

全县人民调解组织机构设置及工作运行、机制创新、覆盖领域拓展等都得到切实有效重视，并产生积极效果；人民调解员队伍建设得到一定加强，人民调解员整体素质、工作待遇、调解工作技术手段正在逐步改善。但是，人民调解工作的重要性与在实际工作中的重视程度显然不成比例；尤其是人民调解员队伍建设在专业人员配备、经费投入、工作运行、教育培养、待遇保障等方面还有许多不足；最突出的是专职人民调解员占比还很小、专职人民调解员报酬非常低、村居一级人民调解员都是村"两委"干部兼职等等，这些均严重影响人民调解工作的有效开展，需要今后加以重视，并努力克服。

二、人民调解员队伍建设存在的主要问题及原因分析

1. 机构设置及人员性质问题

人民调解组织和人民调解员是什么性质的机构和岗位，这个问题一直比较模糊，严重影响了人民调解工作开展和人民调解员队伍建设。从现实的设置来看，

在村居一级，人民调解员就是村"两委"干部；在乡镇一级，兼职人民调解员占了大部分，也是由乡镇干部兼任的，另外再加一小部分的专职人民调解员；行业性人民调解员是专职占多数；企业则是兼职占多数。可见，从人民调解组织机构设置和人民调解员的配备来看，人民调解组织其实就是一个"虚拟"机构，是在原有的村居、乡镇机构上"贴牌"成立，并不是一个独立的机构，相当于一个非常设的工作领导小组或机构。人民调解员大部分也是原有机构的干部或职工兼任，只有在涉及一些专业性很强的调解事项时，再聘任一些具有专业知识背景的人作为专职人民调解员，这部分数量很少，用工性质是临时性的聘用人员。

从现实状况来看，人民调解组织是"贴牌"组织，人民调解员要么是"贴牌"干部（兼职）要么是临时工（专职）。所以，人民调解员队伍具有不固定性、不专业性、不独立性等特点。不固定性是因为容易随着原有干部（兼任）的岗位、单位的变动而变动；不专业性是因为受干部、职工（兼任）原有岗位职责及职责所需的知识、能力、视野左右；不独立性是因为在实际工作中往往会受到原有本职工作的时间及性质的干扰限制。这一系列性质特点，使得人民调解工作、人民调解员队伍建设本身的重要性与实际当中的受重视程度严重不协调。

2. 选任和管理问题

从现实来看，人民调解员是由各级人民调解组织选任或聘任的，有兼职的，有专职的。2019年4月25日中共浙江省委政法委、省司法厅等7个部门出台的《关于加强人民调解员队伍建设的实施意见》[浙司2019（47）]，对人民调解员选任等一系列问题做了具体规定，为基层具体操作提供了指引，这是一大进步。但是在实际当中，人民调解员选任的标准包括年龄、学历、专业、能力等素质要求并没有明确、统一，而是由各村居、乡镇、行业、企业单位的人民调解组织自己确定、自行聘任，受领导重视程度、组织财力状况等因素影响，人民调解员配备素质参差不齐，影响了人民调解工作成效。另外，从全县来看，适应新时期全面建成小康社会要求，究竟哪些行业、组织、企业要设置人民调解组织、配备多少人民调解员、专兼职人民调解员比例如何界定等，都没有明确的规定。

人民调解员队伍的日常管理主要包括人民调解员业务培训、工作指导、待遇保障、考核奖惩等内容，这一块工作目前没有明确由县里哪个部门牵头抓总，也没有一套具体的实施细则，而是根据不同内容，由各个单位、各个部门分工负责，这往往容易造成大家都管、最后变成无人在管的尴尬局面。比如，培训问题，司法行政部门、人民调解员协会、基层人民法院都有责任做，应该由一个机构来统一组织全县域范围内的人民调解员培训工作，包括上岗培训、在岗培训、拓展培训、观摩培训等。再比如，人民调解员的待遇问题，像兼职的人民调解员有两种情况：一种是没有领固定工资的干部（一部分村干部）兼职；另一种是领固定工资的干部（如乡镇、部门、企业干部）兼职，这两种情况的兼职人民调解员参与人民调解工作，其报酬（包括保险等待遇）如何计算、保障？再比如，现在村居一级在调解处理纠纷时，简易的调解往往没有相应规范的程序和档案留存，也因此没有得到相应的计件报酬，这一方面工作如何规范？

3. 经费保障问题

经费包括两个方面：一是人民调解工作经费投入；二是人民调解员待遇经费投入。从目前来看，主要是依靠各级政府财政投入和社会投入，政府财政投入是主要的。从现有的统计数据看出，财政投入人民调解工作经费近三年来起伏不定，并没有逐年增长，而且人均（按照人民调解员平均）工作经费数量极少。人民调解员待遇除了兼职人员本身是干部、职工应有的待遇外，专职人民调解员2018年待遇也仅仅是通过政府购买服务形式体现，每月仅仅1500多元，低于2018年浙江省最低工资标准2010元（温州地区标准），因此，这不算工资，只能算是一种象征性的岗位补贴，更不要说"五险一金"了。这样的待遇，不可能让这些专职人民调解员安心工作、热爱工作、沉下心来工作，做到干一行爱一行精一行，更遑论吸引高素质人才入职。从某种意义上讲，这些所谓专职人民调解员其实也是"兼职"的。另外，以政府购买服务的形式支付报酬，其实也是一种计件报酬制度，相当于"钟点工"，为了节省开支，往往会通过选择性受理矛盾纠纷案件的方式回避可能产生的工作费用，从而导致人民调解工作很可能处于瘫痪或半瘫痪状态。

4. 工作机制问题

一是指导不到位。《中华人民共和国人民调解法》明确规定，基层人民政府和基层人民法院对农村基层调解委员会的工作负有指导职责。但近年来，由于乡镇司法所疲于应付乡镇党委、政府中心工作，乡镇司法行政工作职能被严重削弱，对人民调解工作的指导往往不到位。而另一指导主体，县级人民法院也因日益繁重的审判、执行工作任务，疏于履行指导人民调解工作。结果，村居、乡镇两级人民调解委员会基本上处于"自顾自"的状况，政府和法院的指导流于形式。长此以往，由于忽视人民调解工作，往往为了工作便利将基层的矛盾纠纷直接推给公安或法院，将最后一道司法救济渠道变成解决矛盾纠纷的首选手段。这一做法，往往会将群众间的小吵小闹变成严肃的民事或维权案件，大大增加了化解矛盾的时间与资金成本，造成了社会资源的浪费。

二是机制不健全。在十多年前的村民委员会的组织机构中，人民调解委员会一般是独立设置的，而近年来，村级人民调解委员会逐步和村民委员会机构合并，其职能一般转由村治保会、甚至由村治保主任一人承担。乡镇一级的人民调解委员会在机构设置上多是与乡镇综治办合署办公，或是与司法所两块牌子一套班子。同时，由于绝大多数乡镇特别是村级人民调解委员会缺乏纠纷调解工作程序意识，在纠纷调解实践中不严格执行纠纷的受理、调查、调处、回访、归档等管理程序的规定，保障基层人民调解工作规范运行的矛盾纠纷排查、矛盾纠纷信息传递、镇村两级调解组织联动、不安定因素预警、例会和工作汇报、岗位责任制、工作考核奖惩等没有得到切实落实，致使人民调解工作始终停留在低水平、低效率的运行状态。

三是缺乏有效沟通。目前，苍南县人民调解虽然已经与诉讼调解、医疗纠纷调解、劳动人事争议调解、交通事故纠纷调解等各种调解方式建立了协调联动机制，但总的来讲，人民调解在联动机制中功能相对弱化。在农村，经人民调解早起干预后，又进入其他调剂程序的纠纷案件，前期人民调解的基础性作用并不能得到充分发挥。在乡镇，通常由综治办的机构设置，而该机构是集多种纠纷解决方式为一体的，但通常为了追求高效率，强调行政职能胜过人民调解，期望增加政府的权威与行政强制力，达到双方当事人相互妥协的目的。而这种做法，往往会动摇当事人自主自愿、平等协商的基础,甚至会使当事人其他的行为(如违章建筑、违反计划生育政策等)受到政府强制力的绑架,不得不听从于政府,以小损失保全大利益。

三、解决存在问题的对策

新时代,人民调解工作、人民调解员队伍建设的重要性越来越凸显:一是党的十九大明确提出,要加强预防和化解社会矛盾机制建设,正确处理人民内部矛盾;二是适应到2020年全面建成小康社会、2035年基本实现现代化的目标要求,伴随着经济社会不断发展、改革开放不断深入、人民群众对美好生活的日益向往,对人民调解工作、人民调解员队伍建设提出新的要求;三是苍南县作为百万人口大县、浙闽省际边界县、宗教民族问题复杂县,社情民意历来十分复杂,矛盾纠纷量大面广,着眼于打造"浙江美丽南大门"这一发展战略目标,必然对人民调解工作、人民调解员队伍建设提出更高要求。从现实来看,近年来,各级党委、政府高度重视人民调解工作和人民调解员队伍建设,苍南县委、县政府充分认识到加强人民调解员队伍建设的重要性、紧迫性,切实增强责任感和使命感,采取有效措施,大力推进人民调解员队伍建设,不断提高人民调解工作水平,全力维护社会和谐稳定。

为此,对如何进一步加强苍南县人民调解员队伍建设提出如下几点对策,供决策参考:

1. 提升人民调解员的工作地位

一是贯彻落实2019年中共浙江省委政法委、省司法厅等9部门《关于加强人民调解员队伍建设实施意见》的精神,结合苍南县实际,制定出台苍南县《关于加强人民调解员队伍建设的实施意见》,在人民调解员选任、培训、薪酬、交流、管理等方面出台具体规定,为新时期苍南县人民调解员队伍建设制定的路线图。二是建立加强人民调解工作和人民调解员队伍建设责任制,列入各级党政主要领导工作的议事日程和考核评价指标体系,进一步提升各级党政领导、各有关部门及企业、单位负责人对新时期人民调解工作重要性的认识,充分认识到人民调解工作制度是中国特色社会主义司法制度的重要组成部分，在"平安建设"和推进国家治理体系和治理能力现代化中发挥重要作用。三是坚持以问题为导向，按照哪里有矛盾纠纷，哪里就建立人民调解组织，搭建起"纵向到底、横向到边"覆盖全县角角落落的县、乡镇、村居三级人民调解组织机构和与之相对应、相匹配的专兼职人民调解员队伍体系，让人民调解渗透入城乡居民生活的各个方面，让人民调解员成为帮助城乡居民化解矛盾纠纷的贴心人，成为与城乡居民生产、生活息息相关的一种文化生态。四是改变目前人民调解组织"贴牌"性质和人民调解员"兼职、钟点工"性质，率先在个别地方或单位探索独立建立人民调解组织和人民调解员职业化试点，充分发挥人民调解组织的社会和谐稳定"第一道防线"作用，为下一步人民调解员职业化积累经验。

2. 提升人民调解员的专业水平

一是建立人民调解员任职资格考试制度。规定每位人民调解员必须具有高中以上学历和通过县司法局组织的人民调解员任职资格司法考试，取得人民调解员任职资格证书，才可以上岗。二是定期组织人民调解员业务技能培训。由县司法局统一牵头组织，通过定期开展各类业务培训、知识更新、交流交往、实践锻炼、学历教育、审判观摩等形式，提升现有人民调解员开展工作所需的专业水平和知识层次。三是大幅度提升专职人民调解员的配置比例，保障人民调解员队伍的结构优化。建议每个村居一级配置2名以上、每个乡镇一级配置5名以上、每个县直部门配置3名以上专职人民调解员。同时在现有20个个人品牌调解室的基础上，争取在3年内，建立100个个人品牌调解室。四是从退休的司法机关工作人员、公务员、教师、人民陪审员、乡贤以及律师当中选任专兼职人民调解员，充实到一线人民调解工作实践当中，不断提升人民调解员队伍的法律素养和依法依规化解矛盾纠纷的实际能力。五是建立全县律师、法律工作者联系村居制度。规定每位律师、法律工作者要联系一个村居，为该村居人民调解员平时化解矛盾纠纷工作无偿提供法律咨询服务，且连续服务3年。六是建立法律专业在校大学生人民调解工作岗位实习制度。由县司法局牵头组织，每年安排150名左右法律专业在校大学生到苍南县各个人民调解组织实习,协助当地人民调解员开展人民调解工作。

3. 提升人民调解员的薪酬及政治待遇

一是建立完善兼职人民调解员开展人调解工作"计件补贴"制度,提升矛盾纠纷案件化解的补助标准,引导兼职人民调解员规范做好矛盾纠纷化解一系列相关工作程序。二是积极探索建立专职人民调解员的正常薪酬制度。比照公务员或事业干部的薪酬标准,确定聘用制选任的专职人民调解员的薪酬标准体系,建立专职人民调解员"五险一金"制度,保障专职人民调解员队伍的稳定。三是建立完善专兼职人民调解员业务技能评定晋升制度,并与薪酬、补贴挂钩。四是完善人民调解工作政府购买服务制度,提高购买服务的准入门槛,提高购买服务的案件比例,大幅度提高购买服务的财政补贴标准。五是加大对个人品牌人民调解工作室的县财政专项补助力度,评选年度有突出贡献的金牌人民调解室和个人,并参照有突出贡献人才或县级劳模的标准提交县政府予以重点奖励。六是制定公务员、事业干部优先从人民调解员队伍中选拔的政策导向制度,规定在人民调解员队伍工作满 3 年且都积极完成人民调解工作的,同等条件下优先录用。七是县、乡镇人大代表或政协委员的选配,要保障一定名额倾斜支持一线的专兼人民调解员群体。八是积极支持媒体宣传报道优秀人民调解员的先进工作事迹,形成舆论重视人民调解工作、人民调解员队伍建设的氛围。

4. 加强对人民调解员队伍的管理

一是加强思想政治教育。由县司法局牵头在人民调解员队伍中开展"不忘初心,牢记使命"主题教育活动,以习近平新时代中国特色社会主义思想为指导,坚持四个"自信",自觉做到两个"维护",打造一支政治硬、业务精、作风正的人民调解员队伍,为打造"浙江美丽南大门"做出更大贡献。二是制定专兼职人民调解员的规范工作实施细则和政治素养、职业道德标准,成为每位人民调解员日常行为和工作开展的硬约束。三是建立完善人民调解员的工作考核激励制度。坚持日常工作考核、阶段性任务考核、年度考核相统一,按照量化打分的方法进行考核评定,并将结果作为奖优罚劣、评先晋升、退出转行的重要评价指标。四是加强对人民调解员的日常工作行为监督。对偏袒、侮辱当事人，索取、收受财物或者牟取其他不正当利益，或泄露当事人隐私、商业秘密的人民调解员，由其所在的人民调解委员会给予批评教育、责令改正；情节严重的，由推选或者聘任单位予以罢免或者解聘。对因违法违纪不适合继续从事调解工作，严重违反管理制度、怠于履行职责造成恶劣社会影响，不能胜任调解工作，因身体原因无法正常履职，自愿申请辞职的人民调解员，应及时按规定予以罢免或者解聘。五是进一步完善以县级矛盾纠纷"大调解"协调中心为主导、乡镇村居人民调解委员会为基础、专业性和行业性人民调解组织为补充的人民调解组织架构体系和运行机制，县司法局要加强对人民调解员在工作上与司法机关、综治机构、政府部门之间进行互动的实践指导，切实落实人民调解工作的各项制度、各项程序，使人民调解工作始终保持规范、协调、高效运行，避免相互之间出现推诿、扯皮、打架现象。

四、几点政策创新建议

在人民调解员队伍建设工作实践中，县司法行政部门解放思想、开拓创新，从本地实际出发，在政策、机制、实践方面做了许多创新性工作，取得了良好的社会效果。但是，随着形势的进一步发展变化，有些创新举措还需要在今后进一步完善细化，特提出如下几点建议：

1.完善浙闽毗邻地区人民调解联防联调工作机制，需要推动人民调解员队伍一体化建设。在实践中，两地由于经济社会发展差距较大，人民调解联防联调工作机制在深入推进上存在许多障碍，核心是需要打造一支政治硬、业务精、作风正的区域一体化的人民调解员队伍。为此，两地要根据现实需要，打破地区政策障碍，联合研究制定素质、能力、待遇、工作要求、考核激励等一套统一标准，建设一支跨省际、能担当的人民调解员队伍，以保障浙闽毗邻地区人民调解联防联调工作机制高效运行。

2.完善政府购买人民调解服务机制，需要在门槛、标准、比例上大幅度予以提高，以此吸引大批优秀人才投身人民调解工作，进一步提升人民调解员队伍整体素质。从目前来看,实施政府购买人民调解服务机制是成功的,但是,还有较大空间加以完善。一个是准入门槛要提高,就是要吸引专家型、领军型人才加入人民调解员队伍;另一个是这个比例要提高,就是要占整个专兼职人民调解员队伍的比例至少达到20%以上,让专家唱主角;再一个就是补贴标准要提高,只有补贴提高了,这些专家型、领军型人才才会进来,要从现在的每年30000元左右,提高到每年90000元左右,甚至更多。

3.完善设立个人品牌人民调解室制度,在资金补助、政治待遇、激励机制上加大扶持力度,迅速扩大数量规模以提升影响力,成为人民调解员队伍建设的一个重要抓手。从目前来看,20个个人品牌人民调解室,主要分布在政府部门、重点乡镇、个别村居,这些品牌人民调解员还是干部身份居多,是依托原有单位建立的个人品牌人民调解室。从目前的工作绩效来看,成效是非常突出的。下一步,应在几个方面加以努力:一是增加数量,扩大覆盖面,建议在3年内扩大到100个左右;二是在资金补助、政治待遇、奖惩激励方面加以完善,增强个人品牌调解室的吸引力;三是让有能力、有情怀的非干部身份的社会人才也加盟设立个人品牌调解室,优化个人品牌人民调解室的结构;四是考虑在律师事务所设立个人品牌调解室,发挥法律专业人员的优势和作用。

财政资金"折股量化"
扶贫模式的实践与启示

——以浙江省苍南县溪东村"畲族风情民宿"项目为例

浙江省苍南县按照"产业兴旺、生态宜居、乡风文明、治理有效、生活富裕"的总要求,深入践行"两山"理论,聚焦薄弱村集体经济发展、乡村资源盘活、宅基地使用权激活、项目管理模式创新、财政投入绩效放大等多元目标,探索乡村振兴路径创新。2018年,以该县薄弱村——莒溪镇溪东村的"畲族风情民宿"项目为依托,开展财政扶贫资金"折股量化"试点。该项目总投资505万元,其中县财政安排150万元扶贫资金注入该村集体,并入股该项目,支持特色产业发展。项目建成后,通过出租该项目经营权,获取固定租金收益并解决部分低收入农民就业,持续带动村集体经济削薄和低收入农民脱贫致富,实现由"输血式"扶贫向"造血式"扶贫转变,走出一条财政扶贫资金与社会资本合作,助力发展乡村特色产业,实现薄弱村脱贫致富的新路子。苍南县全面推广这一做法,截至2019年8月,全县共部署28个财政资金"折股量化"扶贫项目,共投入财政扶贫资金7500万元,撬动社会投资3.3亿元,帮助260个村、2600多户低收入农户实现户均收益2000元以上。

一、苍南县溪东村"畲族风情民宿"项目探索财政资金"折股量化"扶贫模式的主要做法

苍南县溪东村位于浙、闽两省交界处的浙江省苍南县西部山区,距离县城27公里,距离镇政府所在地1.5公里,是苍南县滨海玉苍山5A级景区与浙南"莒溪大峡谷"的连接点。"溪东矴步跨两岸,青山绿水遮民居",这里生态优良、环境秀美、空气清新、民风淳厚、文化古朴。全村耕地面积625亩,林地面积2135亩。村中共有213户居民,人口965人,常住人口710人,低收入人口42人,低保人口11人。其中,畲族占全村人口97%,保留有完整的畲语、畲歌、畲舞、畲拳及风俗习惯。2018年由该村村民蓝雪玲等16个人组建的"苍南县瓯越畲歌艺术团",目前已经演出数十场,充分宣传展示畲族文化艺术的丰富内涵。全村共有党员32名,党员平均年龄47岁,初中文化占90%以上。除部分村民外出经商、打工外,其余村民在家主要从事农业生产。2017年该村人均年收入仅为9785元,低于全县20286元的平均水平。目前,溪东村系省级民族村、苍南县集体经济薄弱村、乡村振兴重点攻坚村。

自2017年以来,苍南县高起点、大力度实施全县乡村振兴示范带建设,以此带动贫困乡村发展,实现脱贫致富,加快全面建成小康社会。在这样的政策背景下,溪东村作为列入此次乡村振兴示范带建设的村居之一,积极抓住机遇,在苍南县财政局下派农村工作指导员黄朝科的直接带领、策划下,以习近平新时代中国特色社会主义思想为指导,认真践行"两山"理论,着眼于人民群众对美好生活的向往,整合溪东村丰富的森林、溪流、矴步、峡谷、畲族文化等旅游资源,以发展特色旅游休闲产业为切入点,利用该村14户农民废弃的16间宅基地,于2018年启动了"畲族风情民宿"扶贫项目建设,共筹措包括财政扶贫资金、企业、村集体、村民等多方近505万资金入股。其中,县财政扶贫资金150万元注入村集体,并量化入股该项目。该"畲族风情民宿"项目初步定于2019年10月1日建成并对外营业,包括风情民宿、乡村旅游体验馆、农家乐餐厅等设施。项目建成后向苍南县旅游投资集团出租该项目20年经营权,每年获取23

万元固定租金收入，并解决 30 位当地低收入农民就业，以此持续带动该村集体经济削薄和当地低收入农民脱贫致富。

溪东村"畲族风情民宿"项目系浙江省温州市范围内首次试点财政资金"折股量化"扶贫模式这一创新做法。通过依托当地优势资源精选扶贫项目，以有限的财政扶贫资金量化入股该项目，撬动村集体、村民、企业等多方入股共同投资，实现政府财政扶贫资金与社会资本的精准合作，推动乡村特色产业项目发展，以项目的盈利分红来持续不断地壮大村集体经济实力，实现低收入农民脱贫致富，实现由"输血式"扶贫向"造血式"扶贫转变。2019 年 1 月 15 日，浙江省人民政府省长袁家军对此做法予以充分肯定，并做出"苍南'折股量化'做法值得总结"的批示。2019 年 6 月，负责指导实施这一财政资金"折股量化"扶贫模式试点项目——溪东村"畲族风情民宿"项目的苍南县下派农村工作指导员黄朝科也因此被评为"浙江省突出贡献农村指导员"。具体做法如下：

1. 精心选择包装发展项目。试点财政资金"折股量化"扶贫模式，并取得预期成效，发展项目选择十分重要。选择溪东村"畲族风情民宿"项目作为试点发展项目，是经过慎重考虑的：一是溪东村具有独特的旅游产业发展优势，其生态旅游资源和畲族文化资源十分出色，是正在开发建设的苍南县重点旅游项目——浙南"莒溪大峡谷"的所在地，乡村特色旅游业发展前景十分看好，符合践行"两山"理论的条件。二是苍南县旅游投资集团正在开发建设溪东村所在地的浙南"莒溪大峡谷"旅游项目，因此，溪东村的这一"畲族风情民宿"项目投资、建设、营运可以借力苍南县旅游投资集团，作为其旅游设施建设营运的配套项目，实现借势借力发展。三是溪东村民风淳朴，党群干群关系融洽，群众脱贫致富愿望强烈。项目涉及的 14 户村民的 16 间宅基地以及周边的环境整治、交通设施的跟进，均得到村民的大力支持和积极配合。2017 年苍南县评选出"百企结百村"助力乡村振兴全县十佳优秀项目，溪东村的"畲族风情民宿"项目列入其中。温州市、苍南县两级财政局、扶贫办组织专家进行充分论证，认为溪东村"畲族风情民宿"项目试点财政资金"折股量化"扶贫模式是可行的。

2. 精准谋划项目的投资、建设和管理。一是修旧利废，三权分离运作。该项目以溪东村村民闲置宅基地为基础进行改造提升，首先由 14 户村民三栋合计 16

间破旧农房的使用权,以租赁的形式交由村集体股份经济合作社,双方签订20年租赁协议。在镇人民政府监管下,由溪东村集体股份经济合作社负责项目的统一规划、工程招标及监督实施,加快项目对接落地,将租入的16间农房予以拆除、重建,打造成集民宿、农家乐餐厅、旅游休闲为一体的乡村休闲项目。项目建成后,再由村集体股份经济合作社委托给苍南县旅游投资集团经营,这样实现了所有权、承包权、经营权市场化分离运作。二是化整为零,多方合作共建。为破解资金瓶颈与营运难题,通过项目招引、投资入股的形式,吸引社会资本开展投资合作。该项目分两期建设:一期土建工程以农村自建房形式审批,建筑面积1500平方米,由原14户村民业主与施工单位签署施工合同,工期150天。土建完成后,该项目由溪东村集体经济股份合作社承包,苍南县旅游投资集团作为经营方负责二期装修工程,工期90天,按照风情民宿定位完成设计、施工、招投标、装修等,并负责后期对外经营,协议约定经营期为20年。三是聚沙成塔,发展成果共享。该项目建成后,按照投资比例,实行收益分配。项目总投资505万元,其中县财政"折股量化"扶贫资金150万元、镇政府投入40万元、村民投入42万元,合计232万元,委托村集体股份经济合作社作为持股人,占股份为45.9%。项目营运后,预计年收益50万元,村集体经济股份合作社按照股份占比,每年可取得分红收益23万元。这23万元分红所得,40%归村集体,10%归投资村民,50%由镇政府统筹帮扶全镇范围内的低收入农民,预计每户每年可以增收2000多元,同时,每年解决30位当地低收入村民就业。20年承包期满后,"畲族风情民宿"项目的房屋归还14户村民业主,财政"折股量化"资金、镇人民政府投入资金归村集体股份经济合作社及14户村民所有,村集体股份经济合作社有优先承包及经营权。

二、苍南县溪东村"畲族风情民宿"项目探索财政资金"折股量化"扶贫模式的主要成效及启示

该项目实施后,经测算,给村集体、村民业主和当地低收入农户带来实实在在的利益:

一是每年有固定的23万元租金收益。村集体股份经济合作社获得9.2万元；14户村民业主获得2.3万元，平均每户收入1640元；镇政府获得11.5万元，分给全镇50多户低收入农户，每户每年获得2000多元的收入。二是每年解决30位当地有劳动能力的低收入村民就业。按照人均年工资50000元计算，每年带来150万元的工资收入，20年带来3000万元的工资性收入。三是旅游消费收入，包括旅游产品销售、餐饮、交通服务、导游服务，预计每年为村民带来200万元以上、人均2000元以上的收入。四是带动其他项目投资建设。带动了该村环境整治、溪流整治、道路建设以及景区游步道等旅游配套设施建设，目前已经累计投入1300万元，为村民创造了300多万元的工资收入。五是畲族风情文化演出收入。该村成立的"苍南县瓯越畲歌艺术团"进驻该民宿项目，为游客常年提供有偿演出服务，预计每年收入在50万元以上。

溪东村"畲族风情民宿"项目试点财政资金"折股量化"扶贫模式取得了成功，并复制推广。这一做法，一改过去的"输血式"扶贫为"造血式"扶贫，更加精准地惠及低收入农户，帮其脱贫致富，其做法值得总结和借鉴。

1. 成功实施财政资金"折股量化"扶贫模式，必须选准乡村产业发展项目。财政资金"折股量化"扶贫模式是新时代实施"精准扶贫"的有效探索，而要实现"精准扶贫"这一目标，必须找准承载"精准扶贫"的乡村产业发展项目。而准确选择产业发展项目：一要发挥当地的资源优势，把资源优势变成经济优势；二要符合当地产业发展导向，选择地方政府优先支持发展的产业项目；三要因地制宜、量力而行，从当地的实际出发，选择与自身能力条件相匹配的产业项目及投资额度；四要眼睛向外，借势借力，要向大企业、大项目或者重大建设工程寻找合作机会。

2. 成功实施财政资金"折股量化"扶贫模式，必须完善政府部门工作机制。财政资金"折股量化"扶贫项目能够顺利推进落地，需要协调很多政府部门，需要一套完善、高效的政府部门相关工作协调机制，形成"县级引导、乡镇主导、乡村（农户）主体"的工作格局。特别是在项目论证评审、资源对接、资金筹措、项目报批、工程建设、项目管理等方面需要政府助推和部门协作才能完成。特别是在项目的宣传动员、精准谋划等方面，如何帮助村集体有效对接政策和市场，做到资源的最优配置并发挥最高的效率，乡镇、部门、县机关下派的农村工作指导员起到关键的作用。

3.成功实施财政资金"折股量化"扶贫模式，必须精简、细化项目建设管理。由于财政资金"折股量化"的扶贫项目涉及公建项目的建设，需经审批、审查、招投标等程序，耗时长，许多项目因为前期工作手续烦琐而搁浅，因此，要制定针对性的精简举措方便项目审批、审查、招投标等程序，并适当提高村集体项目招投标限额标准，加速项目落地。同时，要建立县一级的帮扶对象数据库、帮扶产业项目库、"折股量化"项目储备库，实行定期更新、动态管理、及时跟踪评价。要积极探索"折股量化"项目管理营运机制创新，按照所有权、承包权、经营权市场化分离的模式，建立起规范运作、权责明确、股份清晰、回报共享的项目管理营运机制。

4.成功实施财政资金"折股量化"扶贫模式，必须整合资金统筹精准扶持和产业振兴。苍南县的低收入农户有57971人，集体经济薄弱村有341个。2016—2018年上级转移支付的财政扶贫资金为8016万元，加上县本级3126万元，按三年平均计算，每年财政投入扶贫资金3714万元，大部分用于扶贫重点村的基础设施建设，对扶贫产业的扶持资金则较少，导致财政扶贫项目补助比例低、项目规模小、项目绩效差，出现村集体经济收入不稳定、个别已脱贫的村集体经济返薄等现象。显然财政资金无法满足这么多的精准扶贫和产业振兴项目的需求，需要在两者之间进一步统筹安排，努力将财政扶贫资金的撬动作用发挥到极致。

第三辑 关于区域内乡镇、村居、企业和人物

其实,高质量发展不仅在于党委、政府的工作如何部署,还体现在每一个个案的发展成效,包括乡镇、村居、企业及人物。把区域内每一个个案的生动发展实践进行认真总结,形成示范,输出经验,这是从事理论政策研究工作者的重要职责。

鳌江流域是温州市高质量发展的重要区块。近年来在温州市委、市政府的正确领导下,高举习近平新时代中国特色社会主义思想伟大旗帜,以供给侧结构性改革为主线,围绕"推动鳌江流域一体化发展、建设温州大都市区副中心城市"这一目标,涌现出一批高质量发展的典型代表,包括:苍南县灵溪镇认真践行"两山"理论,坚持打造优美生态环境,建设"公园城市",取得了显著发展成效,全省乡镇排名列第三。浙福边贸水产城坚持以经营户为中心,20多年低租金让利经营户,成为国内著名的水产品交易市场。中国人参鹿茸冬虫夏草集散中心"无中生有",积极发展参茸滋补品产业,成为新时期发展健康产业的一张国字号名片。乔治白集团公司致力于服装主业发展,精益求精,稳步发展,成为上市公司服装企业的代表。

龙港设市 与 区域高质量发展

风口鳌江①

一

> 君居鳌江南，
> 我住鳌江北，
> 夜夜思君不见君，
> 同饮鳌江水。

这段时间，浙江省八大水系之一的鳌江，成了风口浪尖。

鳌江的两岸分别是：鳌江镇与龙港市，分属于两个县级行政区。鳌江镇是浙江省平阳县的第一大镇，龙港市则刚刚从浙江省苍南县的一个镇直接升级设立为县级市。来自国家民政部的权威消息证实：龙港市乃中华人民共和国第一例由镇直接改设为县级市。

本来都是镇，现在却一个是县级市、一个是镇，这对鳌江镇来说有点不能承受之重。原来都是温州市数一数二的强镇：自1997年以来一同被列为全国小城镇综合改革试点镇、联合国开发计划署中国可持续发展小城镇试点、温州市首批

---

① 龙港设市后，对岸平阳县鳌江镇群众问：为什么龙港能够设市，我们鳌江镇却没有设市，何时能设市？此文尝试回答这一问题。

强镇扩权改革试点镇、浙江省小城市培育试点镇。2018年也一起被列入全国千强镇，龙港镇列第17位，鳌江镇列第76位。

一句话也没有说，怎么说变就变呢？龙港市设立后，对岸鳌江镇居民的第一反应就是，向温州市民政局反映：我鳌江镇什么时候设市？温州市民政局收到鳌江镇居民的网络问政之后，十分重视，给出了如下回答：

根据国务院关于行政区划管理的规定，自治州、县、自治县、市、市辖区的设立、撤销、更名和隶属关系的变更以及自治州、县、自治县、市人民政府驻地的迁移由国务院审批。同时，区划调整工作，应坚持审慎稳妥适度的原则，着眼长远，统筹考虑。在今后，随着温州市经济社会不断发展，待各项经济社会指标和基础设施符合行政区划调整的条件时，市委、市政府会把握时机统筹研究全市行政区划调整，优化空间布局，为经济社会发展服务。

没有说不行，也没有说行，只是说按照有关规定和发展所需再研究。

二

其实，也是可以理解的。鳌江镇能不能设市、什么时候设市？温州市民政局哪有权力决定呢？

一个镇改设为县级市，与一个镇列入各种国家级、省级、市级改革试点，不是同一个难度级别的事情。很多事情，过去一样，不等于现在一样，也不等于将来一样。龙港镇这次之所以能够脱颖而出顺利设市，有鳌江镇所没有的一些因素：

一是，2014年龙港镇被列入国家新型城镇化综合改革试点镇，而鳌江镇没有。2013年12月，全国新型城镇化工作会议召开，李克强总理在会上提出全国要搞1~2个镇试点新型城镇化综合改革。话音未落，苍南县委常委会就在第一时间做出决定，把龙港镇申报列入这次试点，并且在第一时间派人与国家发改委对接并取得支持。正是这次在国家发改委的支持下，才有了后来列入全国新型城镇化综合改革唯一的试点镇的极其宝贵的机会（而吉林省安图县二道白河镇列入这次全国新型城镇化试点镇的目的是探索"区镇合一"机制，与龙港镇试点内容不同），也才有了之后甩掉排在龙港镇前面的 16 个全国千强镇而设市的机会。

二是，2014 年龙港镇之所以能够列入这次国家新型城镇化综合改革唯一试点镇的机会，与龙港镇本身在国内的名气、地位分不开，这一点鳌江镇也是不能比拟的。众所周知，龙港镇是改革的产物，是"温州模式"的一面旗帜，是中国特色社会主义在温州、在浙江的生动实践。习近平总书记对温州发展提出"要续写创新史"的重要指示，怎么续写？把龙港这面改革的旗帜继续树立起来，当然是温州、浙江领导贯彻落实习近平总书记指示的首选。

所以，2019 年 1 月 27 日浙江省省长袁家军在省人代会上高调宣布：推动龙港撤镇设市，就不难理解了。

三

鳌江镇没有设市，不等于发展不好。

鳌江镇是一个拥有 300 多年历史的文化古镇，清朝初期就设立海关，费孝通先生称为"瓯越明珠"。在鳌江镇名气很大的时候，龙港镇还是个十分偏僻、荒凉的小渔村。后来，龙港镇名气上来，发展迅速，鳌江镇的好多姑娘嫁到了龙港镇来，鳌江镇倍感压力，也视之为动力。早些年，《温州日报》曾经发表一篇文章，叫《龙上去了，鳌怎么办？》，鳌江镇开始奋起直追。

如今，一些在龙港市上班创业的人，选择在鳌江镇买房子，把家安在了鳌江镇。为什么？一个是鳌江镇的城市建设漂亮，生态宜居；二个是鳌江镇的房价比龙港市要低许多，仅一江之隔，交通、生活也很方便，性价比高。

这背后，是这些年来平阳县一直把加快鳌江镇的高质量发展作为县域发展的重大战略来抓，积极推动"昆鳌一体化发展"，也因此，鳌江镇的城市建设日新月异。比如，昆鳌大道及两边的高楼建设，规划优、生态美、颜值高，不比龙港市世纪大道差；比如，鳌江镇设有高铁站，规模是苍南县高铁站的两倍之大，交通十分方便，而龙港市没有设高铁站；比如，鳌江镇目前拥有两座大型品牌城市综合体：万达广场、银泰城，而龙港市一座也没有；比如，鳌江镇拥有美丽的南麂列岛，再配上基金岛的运作模式，蜚声海内外，成为鳌江镇乃至温州市对外展示形象、推动创新发展的一张金名片,这令龙港市十分向往。

再往细的数据方面深入一步,我们发现:2018年鳌江镇城镇居民人均纯收入为58017元,高于龙港市的54500元近3500元,比例高达6.45%;鳌江镇农村居民人均纯收入为39690元,高于龙港市的28302元近11300元,比例高达40.2%,可见这个差距是比较大的。另外,我们还注意到:2018年鳌江镇的GDP为151.99亿元,龙港市的GDP为299.5亿元,龙港市的数据是鳌江镇的两倍,然而财政总收入,鳌江镇是18.5亿元,而龙港市只有24.6亿元,龙港市只比鳌江镇多了三分之一不到,如果折算成人均财政收入,则鳌江镇超过龙港市。

四

龙港设市也有设市的烦恼。

设市不等于一劳永逸、万事大吉、高枕无忧,恰恰相反,只是万里长征第一步。摆在龙港市委、市政府面前的考验和挑战不少,压力和责任也绝不轻松:

一是,探路国家新型城镇化综合改革,就是要在未知领域闯出一条新路,全国上下都在关注并寄予厚望,没有退路。浙江省委书记车俊说:龙港市要打造成为新型城镇化样本,这既为龙港市发展指明了方向,同时也意味着一份沉甸甸的责任。所以,龙港市如何做到政策创新、制度创新、思路创新、实践创新,形成可复制、可推广的样本经验,并不是一件简单的事情。

二是,探路县域行政管理"扁平化"模式,大幅度减少机构,减少人员,减少费用,实行大部门制,从市一级直接管到村居一级。这些外面宣传起来很精彩,很吸引眼球,但做起来并不容易,甚至会很棘手。

三是,龙港从镇一夜变成市,机构是升级了,但是一帮市民、一帮干部的素质不可能跟着一夜升级,这是一个很大的问题。如何让人的素质与城市的要求相适应,还有很长的路要走。

四是,城市建设、产业升级、人才引进、城乡统筹、区域协调等许多发展问题,每一个都是硬骨头。

龙港设市 与 区域高质量发展

上海世博会有一句广告语："城市，让生活更美好！"可是，龙港设市，却让领导、让干部更辛苦！

五

天下大势，合久必分，分久必合。

新时代，京津冀、长三角、粤港澳，都在加速迈向跨行政区的一体化协同发展。

温州南部的鳌江流域，在短短38年间，从一个平阳县变成了三个县级行政区：平阳县、苍南县、龙港市。而2019年7月12日中共温州市委十二届八次全会却提出：推动鳌江流域一体化发展。一方面，鳌江流域越分越细，另一方面，又提出要走向一体化。究竟是分还是合？很多人云里雾里。

民间对鳌江流域的未来走势，更有好多版本：一种观点认为，接下去鳌江镇也会设市，与龙港市平起平坐；另一种观点认为，鳌江镇会并入龙港市，做大龙港市成为一个副地级市；还有一种观点认为，龙港市与鳌江镇合并，建立地级的瓯南市，管辖整个鳌江流域。

就如前面的温州市民政局的回答一样，未来鳌江流域行政区划如何调整，将视经济社会发展情况而定。虽然国家也提出要推动非县政府所在地特大镇设市，鳌江镇也符合这一条件，但是，在短期内不会改变现状。所以，龙港市还是龙港市，鳌江镇还是鳌江镇，鳌江流域三个县级行政区还是照旧，鳌江流域一体化还是要讲的、要推进的。

行政区划的调整难度较大，但是，经济区划的设立却相对容易得多。推动鳌江流域一体化发展，其实，就是在不改变现有的行政区划的情况下，设立一个跨行政区的组织机构来指导协调区域发展，以实现资源、要素、功能的优化配置，达到一加一加一大于三的效果。

从浙江省的发展情况来看，杭州、宁波、温州是"铁三角"，在这"铁三角"中，温州无疑是小弟，与前面两位大哥差距较大，追赶任务艰巨。2019年4月，杭州市把经济技术开发区、大江东区合并成"钱塘新区"。2019年5月，宁波市

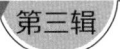 第三辑 关于区域内乡镇、村居、企业和人物

则把余姚、慈溪、杭州湾新区合并成"前湾新区",唯独温州市没有动作。

因此,在下斗胆建议:不妨统筹鳌江流域的龙港市、平阳县、苍南县这三个县级行政区,学习杭州、宁波做法,合并设立一个"瓯南新区",作为温州高质量发展新的大平台,以落实温州市委提出的"推动鳌江流域一体化"这一重大决策。也与杭州、宁波持平,实现并步发展。

但是,新设立的龙港市的高水平发展一定是促成"瓯南新区"设立的关键。义乌的崛起,落地了"国际贸易综合改革实验区"和11+1政策,直接促成了"金义新区"的设立;晋江的雀跃,让泉州市与晋江实现了同城化一体化发展。

> 滚滚鳌江东逝水
> 浪花淘尽英雄,
> 一杯煮酒喜相逢,
> 古今多少事,
> 都付发展中。

2019年11月

龙港设市 与 区域高质量发展

霞关的价值[①]

最近,因为一个朋友的投资项目,去了很多趟霞关,让我对霞关的价值开始重新思考。这个霞关,就是浙江省苍南县的霞关镇,陆域面积32平方公里,人口18000多人,陆域空间几乎全为山体所覆盖,一个小得不能再小的地方。一个濒海山区小镇,有什么价值呢?

一、湮没的辉煌

霞关,地处浙闽两省交界,古时称"镇霞关",顾名思义就是海防前哨、战略要地。明朝初期,朱元璋为抵御倭寇,曾经派兵镇守于此。自明朝以来,都有驻军,包括现在还有边防部队驻于此。1941年4月11日,在中共鼎平县委的领导下,举行了著名的"霞关起义",所以,霞关现在也是革命老区。

但是,这些都没有让霞关的点击率跃升,真正一次跃升源于两岸合作。时间跨入20世纪80年代末90年代初,隔断数十年的两岸关系坚冰打开了闸门,霞关因为是浙江省距离台湾地区最近的地方,依靠其港口优势,成为浙

[①] 霞关镇是浙江省最南端、浙江省距离中国台湾最近的一个小镇,拥有"中国虾皮之乡、浙江省AAAA级景区镇、国家更加开放对台贸易口岸、国家级台湾农民创业园、国家一级渔港"等诸多头衔,浙江三澳核电站也落户霞关镇。这么多资源政策集一身,价值几许,如何发展?这是本文关注的焦点。

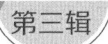 第三辑 关于区域内乡镇、村居、企业和人物

江省对台工作的"桥头堡"。无数的台湾渔船停靠在了霞关,无数台湾同胞上岸消费、生活甚至结婚生子。据苍南县台办统计,从1993年至2008年,苍南县霞关镇对台小额贸易金额为6536万元人民币,对台劳务输出9189人次,台湾渔船停靠数2903艘次,台湾渔民上岸7902人次。

2008年马英九就任台湾地区领导人后,两岸关系出现了积极变化,海峡西岸经济区建设上升为国家战略。也因此,浙江省苍南县率先贯彻落实习近平总书记在浙江工作时提出的"北接上海,东引台资"发展思路,提出了建设"两区四平台"的发展目标("两区",就是把苍南县建设成为浙江省海洋经济发展示范区、"海西"经济先行区;"四平台",就是把苍南县建设成为国家级台商投资区、国家级台湾农民创业园、国家级对台贸易口岸、国家级海峡两岸交流基地),积极开展对台经贸合作。2009年"国家级台湾农民创业园"落户苍南县,2011年列入省级开发区序列的"浙台(苍南)经贸合作区"落户苍南县,2011年底中共浙江省委政策研究室设立的"浙台经贸合作研究中心"落户苍南县。不久,霞关口岸列入国家更开放管理措施口岸,突破单次100吨以下、10万美元以下的小额贸易限制,霞关的民间也在积极谋划建设妈祖文化园来对接两岸文化宗教交流。在这一轮的两岸经贸合作与文化交流中,苍南县、霞关镇再次扮演着十分重要的角色,陈云林、江丙坤、蒋孝严等重量级人物先后来到了苍南县。后来,温

141

州市又获批"海峡两岸（温州）民营经济创新发展示范区"，两岸合作一度在温州地区掀起了小高潮。

如今，霞关滨海路上曾经的对台贸易仓库大门紧闭，毗邻接待台胞的霞关半岛大酒店（也是苍南县台胞接待站）也不见台胞的踪影。而一些霞关籍的投资者也在考虑买下这些物业，重新进行开发建设。

二、核电项目带来的机遇

历史翻开了新的一页。

浙江三澳核电站项目最终落地在苍南县霞关镇的一个叫三澳村的地方。这个项目是中广核集团投资1200亿元，再加上建设一个供数万名工程技术人员居住生活的距离核电站4公里远的"绿能小镇"需要投资400亿元，合计投资1600亿元。

一个小镇，一下子增加到了1600亿元的固定资产投资，这是一个什么样的情形呢？无疑，霞关镇的点击率再次大幅跃升。2011年，日本福岛核泄漏事件，曾经让世人谈核色变。当初这个中广核的核电项目要落地浙江省苍南县，一度在本地引起较大争议，但是，最终还是能够得到认可，顺利落地。如今，苍南县马站片区（包括霞关镇、沿浦镇、马站镇、岱岭乡）因为核电项目带来了难得的发展机遇，也吸引了更多的社会资本前来投资，马站片区现在成了苍南县除了县城灵溪镇之外居第二位次的投资热土。

对于霞关、马站片区来说，核电项目的落地，最大的好处就是高端群体的集聚。现在，区域发展竞争十分激烈，"人才大战"愈演愈烈，小地方连劳动用工都很难招到人。马克思讲，人是生产力中最活跃、最革命的因素，更何况是人才呢？民间在传，连同福建那边的核电站工程技术人员将一起入住这里的"绿能小镇"，规模达到30000人之多，其中，本科以上学历达5000多人。这么多的高端群体集聚在一个小镇，将彻底改变这里的社会生态、经济生态、人文生态、发展生态。其实，刚刚设立的县级龙港市，作为全国新型城镇化综合改革样本，在短时间内也难以吸引这么多的高端人员。很多人据此预言，马站、霞关这里将成为温州南部崛起的一个重要增长极。核电项目还可以为地方发展带来更大的政策利好。核电项目其实就是央企大项目，一个小地方引进央企大项目，以前很多干部不以为然，认为引进热电厂、核电等央企项目，这些项目对地方发展没有什么大贡献，其实错了，贡献大着呢！

比如，浙江省龙港市崇家岙华润电厂一期项目，也是央企项目，已经投产发电，每年为苍南县、龙港市地方政府贡献几亿元税收不算，现在又开始投资一个3亿元的供热项目，向龙港新城产业集聚区企业集中供热。同时，还出资数亿元修建了肥艚大桥和北岭山隧道，接通4万吨级的崇家岙港区，还留出崇家岙港区另一边岸线给地方发展用。这些巨大贡献没有央企，能够做得到吗？现在，龙港市方面还有更大的设想，希望与华润集团开展战略合作，依托央企的政策支持，突破地方政府的许多政策限制，在龙港新城建设"华润产业园"，由华润集团投资开发建设、招商引资、管理运营，打造综合保税区或保税港区，大幅度提升龙港市整体发展水平。要知道，华润集团在2019年全球500强中排名第80位，旗下有6家上市公司，这样实力的大公司，任何地方政府都不能小觑。

一个小地方要实现跨越式发展，需要站在巨人的肩膀上。2015年，霞关镇南坪村想建设一个500吨级渔用码头及配套的海产品加工设施，以解决附近数千渔民海产品运输加工难的问题。想法很好，地方领导也支持，但是，土地解决不了，因为周边都是林地，这是高压线，地方政府根本无能为力。怎么办？核电项目帮忙解决了这一难题。原来，这个码头也是这个核电项目解决生活物资运输的一个重要通道，于是，中广核集团函告国家林业局，要求林地使用指标由中央层面带指标下来，国家林业局同意并发文，这一难题就此迎刃而解。

三、南北关岛是最大亮点

霞关镇有两个大岛：一个是北关岛，一个是南关岛。这两个岛屿的面积也是浙江省苍南县的第一、第二大岛。北关岛面积3.7平方公里，南关岛面积1.7平方公里。北关岛距离陆地约8公里，南关岛距离陆地仅不到1.5公里。之前，霞关镇党委政府曾经一度提出要实施"一港两岛"战略，意欲港岛联动开发，多少有点道理。但是，至今为止，这两座岛屿基本上没有进行有效开发，只是在北关岛上建设了风力发电场，该风力发电场由苍南格林风力发电有限公司投资建设，而它的背后是华能集团。该项目总投资约 2.1 亿元，共有 23 台风力发电机组，装机容量 21.54 兆瓦，年发电量 3830 万千瓦时，于 2011 年 4 月投产发电，所发电量全部并入了温州电网。

而周边区域的岛屿开发比较成功的，要数浙江省平阳县鳌江镇的南麂列岛。南麂列岛是国家级自然保护区、世界级的贝藻王国，其中，南麂岛是南麂列岛 52 个岛屿中最大的岛，距离陆地 30 海里，面积 7.7 平方公里。目前，南麂列岛以其独特的海天自然风光、周全的旅游接待设施，成了周边乃至更远居民夏天旅游休闲度假的首选。平阳县、鳌江镇两级政府还玩起了"主题岛"概念，打造"南麂基金岛"，建设陆上基金岛小镇客厅，通过优惠政策支持，吸引全国 1000 多家基金公司落户南麂岛，成为温州金融改革的一张名片。

海岛怎么开发？2011 年国家发改委制定的《浙江海洋经济发展示范区规划》中，提出了 8 种开发类型，分别是：综合开发岛（舟山本岛、洞头岛、灵昆岛）、港口物流岛（梅山、小洋山）、临港工业岛（大榭岛）、滨海旅游岛（普陀山、朱家尖）、现代渔业岛（东门、枸杞）、清洁能源岛（高塘、北关）、海洋科教岛（长峙）、海洋生态岛（南麂、铜盘山）。可见，霞关的北关岛早已经列入浙江省"清洁能源岛"的规划之中。同时还提出，要按照总体规划、逐岛定位、分类开发、科学保护的要求，注重发挥重要海岛的独特价值，加大综合开发力度。对国家与省重点海岛开发与保护项目，优先安排用地指标。推进重要海岛空间资源集约开发，加快海洋经济升级发展。

从目前的北关岛、南关岛的资源现状来看，除了北关岛已有的风力发电场项目以外，发展滨海旅游业是一个重要方向。北关岛除了山体外，还有沙滩、礁石，水质优良，空气甘甜，阳光舒适，非常适合旅游养生度假，包括建设高端游艇码头项目。南关岛靠近霞关镇区，上岛交通方便，生活配套齐全，适合与陆地互动频繁的文旅项目开发。鉴于霞关及周边地方走出了诸多当代高僧，包括圣凯法师（中国佛教协会常务理事）、世良方丈（上海宝山寺方丈）、题开法师（中国佛教协会驻会法师），因此，把南关岛打造成为佛教文化旅游岛是一个不错的选择，有望成为浙南佛教圣地。如果实现，这可能又是一张撬动小地方实现跨越式发展的国家级资源。

四、海鲜，能够做出沈家门的感觉吗？

徐老板是浙江省龙港市人，一段时间以来，得益于沈海高速复线开通，从龙港市开车上高速到马站出口下高速，再直奔霞关，一个小时车程下来，就是为了买一家人一日三餐的海鲜，他直言霞关海鲜好吃。

到霞关旅游，目的之一就是为了吃海鲜。这些年，霞关镇环境整治得非常好，获得了浙江省4A级景区镇的荣誉，一进入霞关，海洋文化扑面而来，尤其是，星罗棋布的海鲜排档在霞关镇不长的几条街区上十分显眼。随着沈海高速复线通车，霞关的交通一下子方便起来了，从温州南下或福

建宁德北上，到了霞关都不到一个小时车程，所以，现在霞关的街上填满了外地车，都是过来一饱口福的。霞关港区是一个偌大的天然避风港，大大小小的渔船不计其数，全镇渔民估计在15000人以上，除了在岸上做后勤保障服务以外，几乎都要出海捕捞。霞关又是"中国虾皮之乡"，周边毗邻的沿浦镇又是"中国紫菜之乡"，所以，海洋渔业是霞关的支柱产业之一。

当地政府当然不满足于现有的一般海鲜排档的状况，也在谋划建设高端餐饮特色项目，打造浙南版的沈家门高端海鲜排档。近期拟推出两个项目：一个是占地面积5亩的"霞关海鲜广场"，这是一个高端餐饮项目，位置在霞关镇区的黄金地段，面朝大海、远眺落霞，最能体现霞关万千风情。另一个是500米长、15米宽的"海鲜大排档"，这个海鲜大排档的独特之处就是搭在海面上，下面采取镂空建设，一边吹海风、听潮音、看晚霞，一边享受海鲜美味、诉说海边小镇的风情逸事、回顾两岸交流的昔日往事。

故事当然不只限于海鲜。霞关作为600年历史的古镇，其文化底蕴也是值得

挖掘的，修葺一新的霞关老街，游人如织，俊男靓女，摩肩接踵，镁光闪闪。夕阳西下，一位老者、一壶陈茶、一碗羹汤、一带虾皮、一曲渔歌，都可能让你无限遐想、无限憧憬、无限深情。

未来的霞关是个什么样子？笔者不敢细想，数十万信众登上南关岛朝拜，数万高端人士在霞关海鲜排档一条街觥筹交错，数千行业精英在北关岛驾艇徜徉万顷碧波……

2020 年 5 月

第三辑 关于区域内乡镇、村居、企业和人物

全省第三，灵溪镇告诉你什么

一

浙江省苍南县的很多微信群里都在议论一件事：浙江省统计信息调查服务行业协会日前公布了全省1283个乡、镇、街道综合竞争力评价排序，苍南县灵溪镇排在了全省第3位，把同在温州市的其他兄弟强镇远远甩在了后面，像苍南县龙港镇，这次仅排序第36位；乐清市柳市镇，这次仅排序第39位；瑞安塘下镇，这次仅排序第89位。

就在去年，由中国小市场发展研究会等单位发布的"2018年全国综合实力千强镇"排序中，灵溪镇排在了第45位，而柳市镇却排在了第14位、塘下镇排在了第15位、龙港镇排在了第17位。

显然，这是两次迥异的排序。对灵溪镇全省排名第三，估计很多人不服，认为无论经济总量、工业产值，灵溪镇都不如柳市、龙港、塘下等经济强镇。但这次排序，不考核经济总量，也不考核工业产值。

二

那么，考核什么呢？

据浙江省统计信息服务行业协会介绍：这次乡镇综合竞争力评价，主要聚焦

龙港设市 与 区域高质量发展

新时代发展理念和乡村振兴战略的导向作用，遵循科学、客观、可操作、可对比的基本原则，建立浙江省乡镇综合竞争力评价指标体系，包括一级指标3个，分别是产业提升度指标，社会融合度指标，环境满意度指标；二级指标10个，分别是公共财政收入、社会消费品零售总额、企业人均创税、非农产业就业比重、通宽带村居比例、万人拥有文化休闲广场、基本医疗享有医生数、基本养老保险参保比例、污水集中处理比例、垃圾集中处理比例。

在这些评价指标中，我们看不到GDP或人均GDP、工业总产值、人均收入、单位GDP能耗、城镇职工登记失业率等一系列传统的评价指标，这些传统评价指标因为不能反映出新的发展理念，曾经饱受诟病。很显然，灵溪镇这次能够排序靠前，得益于这一套新的评价指标。

三个一级评价指标：产业提升度指标、社会融合度指标、环境满意度指标，这是什么意思呢？通俗地讲，就是考核一个乡镇的产业升级发展、社会融合发展、环境友好发展，实际上就是新时代五大发展理念中的"创新发展、绿色发展、协调发展"。

另外，十个二级指标：公共财政收入、人均税收贡献、就业率、整体消费水平、信息化程度、文化投入力度、医疗保障水平、养老保障水平、污水垃圾集中化处理水平，这些都是经济社会发展成果最重要的现实表现，是老百姓看得见、

148

第三辑 关于区域内乡镇、村居、企业和人物

感受得到，也是统计部门可统计的指标。因此，这一套评价指标体系的设计是比较科学合理的。

三

灵溪镇与龙港镇同属于苍南县，两者具有可比性。一般理解，龙港镇是苍南县的经济中心，灵溪镇是苍南县的政治中心、文化中心。但是，最近这些年，灵溪镇的经济社会发展赶上来了，其发展成果、发展势头引人注目。

就产业提升度来说，前些年龙港镇原有的工业类的大企业像瑞田、新雅、曙光、富康、六桂、如意、鲜八里等，因为"互保"资金链断裂等原因，大都破产洗牌，导致龙头企业缺乏，产业提升效果不突出。而灵溪镇相对来说产业提升做得好一些，龙头企业更是表现突出，比如，苍南县仪表厂在香港上市、天信仪表厂被上市公司收购、浙江维融正在对接上市。

就社会融合度来说，灵溪镇是县城所在、省际边界处，全县的政治中心、文化中心、人才中心，区域内的各种资源、要素、人才、文化、信息、市场、公共服务在这里集聚、激荡、蘖变，显然这是龙港镇无法比拟的。

就环境满意度来说，龙港镇老城区现在还是差一些，尤其是交通秩序，龙港新区现在是个工地，未来规划很美，现在还看不出。而灵溪镇借助县城新区20多年来的高水平规划、高水平管理、高水平建设，现代城市形象味道浓厚，公园广场比比皆是，河水清澈，环境优美，秩序井然，这也是龙港镇在短期内无法赶超的。

四

灵溪镇为什么发展这么快？有以下几个原因：

一是浙闽边界区位优势。浙闽边界的区位优势变成了实实在在的交通枢纽优势，最突出的就是，设立了苍南动车站，这是全国第一个县级始发站。现在始发至沈阳、六安、北京、上海、南京、成都、黄山、淮南、徐州、杭州等站，每天

龙港设市 与 区域高质量发展

客流量达万人以上，这么大的客流量也是国内很多的一级动车站所无法比拟的。2009年建成通车的苍南动车站站房现在正在扩建，候车室面积将增加6倍。苍南动车站的交通枢纽作用、动车站周边商圈的形成对苍南县特别是灵溪镇经济社会发展的直接带动作用极其巨大。

二是县城所在地优势。苍南县是全国百强县，经济实力、内外资源不容小觑。县域大量公共资源投入县城开发建设之中，这是灵溪镇发展的最大推动力。县城除了灵溪镇外，还有县城新区建设管委会、县工业园区管委会、铁路建设工程指挥部等开发建设机构。这些发展区块叠加发展，共同推进大灵溪镇建设，所以灵溪镇的发展才这么快。另外，县直各个单位项目建设都集聚在县城，县内标志性公共设施、服务设施都集聚在县城，这些不是灵溪镇投资或主导，但是都对灵溪镇发展起着重大影响。

三是人的优势。一是表现在对发展目标的认识上，苍南县、灵溪镇多年来高度共识坚持以打造"浙江美丽南大门"为发展目标追求，一张蓝图绘到底，这一判断是准确的、科学的，对于凝聚人心形成合力加快发展的影响是深远的。二是对习近平"两山"理论的深入贯彻坚定不移，一以贯之。灵溪镇生态条件很好，三面环山，两个大水库就在周边山上，三条大河穿城而过，土地空间储备资源很多。灵溪镇始终坚持绿色发展，生态文明建设成效显著，境内先后建起了"两江一湖"工程、百里平水公园、塘河公园，到处是绿地、广场，优美的环境带来人气快速集聚，推动经济快速发展。三是坚持人无我有、人有我优，彰显特色发展。其中之一就是打造浙江省商贸业特色镇，"中国人参鹿茸冬虫夏草集散中心"更是扬名海内外，成为苍南县乃至温州市的一张金名片。

未来，灵溪镇更值得期待。

2019年5月

土地综合整治诞生"花园村庄"[①]

龙港市中对口村现有村民 1705 人、395 户、35 名党员，全村土地面积 1050 亩，其中耕地面积 426 亩，存量建设用地 286 亩，其他土地 338 亩。

一直以来，村民除了从事农业生产之外，还从事家庭作坊式的气流纺产业，人居环境非常恶劣。2002 年省级重点工程"苍南县垃圾发电厂"选址在中对口村，一度受到了村民的激烈反对，此时，村"两委"却敏锐地认识到这是重大发展机遇。在苍南县委、县政府的支持下，决定率全温州市之先在本村开展土地综合整治，通过政策引导、科学规划、精心打造，建起了占地面积 93.4 亩、934 套、地下车库 600 多个、总建筑面积 14.56 万平方米、总投资 5.4 亿元的现代化花园式农房集聚小区一期。与此同时建起了各种配套生活服务设施，形成了"一区二园三中心"（农房集聚小区；现代农业示范园、月亮湾亲水公园；村民文化中心、居家养老中心、康复养生中心）的村庄空间布局，"家住花园里，人在画中走"成了中对口村人居环境的生动写照，全体村民过上了与城市居民一样的品质生活，同时，也吸引了一部分非本村户籍的城市居民购置居住。很多人感慨，

[①] 浙江省龙港市中对口村抓住重点工程建设拆迁安置这一机遇，建起了现代化"花园村庄"，让村民过上了与城市居民一样的品质生活，走出了一条以土地综合整治改善人居环境进而实现乡村振兴的路子，先后被评为全国乡村治理示范村、浙江省美丽乡村特色精品村、浙江省美丽宜居示范村、浙江省土地综合整治示范村。

就是城市里的高档小区环境也不一定超过这里。2017年6月，浙江省委书记车俊来到该村调研，高度肯定了该村通过土地综合整治改善人居环境进而带动群众奔小康实现乡村振兴的做法。

一、谋划思路，党群齐心协力化危为机

2002年省级重点民生工程"苍南县垃圾发电厂"选址在中对口村，一听说"垃圾"二字，群众不满的情绪瞬间失控，一度以堵路等极端方式进行抗议。但是，富有远见的村"两委"认为这是一个重大发展机遇，通过化危为机，借机进行村庄土地综合整治，开展农房改造集聚建设，彻底改变人居环境，让群众过上梦寐以求的美好生活。这一发展思路得到了苍南县委、县政府的大力支持，并作为温州市农房集聚改造的唯一试点。村"两委"通过深入调查，细致排摸情况，充分征求群众意见，发挥村民的主体作用，不断调整完善工作方案，先后召开大大小小各种会议，积极宣传党的政策，及时公布资金筹集使用、房屋建设和分配方案，使得村民从原来的愤怒变成了信任、从原来的抵触对立变成积极参与。在村"两委"的带头示范下，短短时间内，村民主动签署了拆迁安置补偿合同，积极配合拆除了旧房子，使得拆旧建新工作顺利推进，没有发生一起信访事件。

二、改变人居，高标准打造"花园村庄"

小地方也能干出大事业。以陈少甫为代表的走南闯北、富有远见的一批村"两委"干部提出了"五十年不落后，一百年不后悔"的村庄规划理念，打造"山、水、田、林、居"生态共同体，实施"定量不定位"的工作方法，以道路、河流、山体等自然物为界，规划形成了边界清晰、布局合理、宜居宜业的"三生融合"空间设计。一是本着"宜拆则拆、宜建则建、宜绿则绿"的原则，将原来散落发布的民居全部列入集聚改造计划，高标准盖起现代化花园式的农房集聚点，一期共计12幢高楼、6幢联排别墅，每户家庭拥有2套、每套90—120平方米的高品质住宅，实现了居家环境的大提升。在同时，在工作中不等不靠，积

第三辑 关于区域内乡镇、村居、企业和人物

极探索出"民办公助、先建后补"的运作模式,实现项目建设资金自求平衡,让全体村民拆得掉、搬得进、住得起、没负担;二是全域打造景观村庄,通过开展"环境综合整治、四边三化、五水共治"等活动,治理河道2300米,建成生态河道1100米,休闲绿道1500米,环村自行车绿道3000米。同时,规划建设起滨水公园、亲水平台、生态公厕、拱形木桥、一村万树等一批绿化景观工程,真正实现"一村一韵、一步一景",行人徜徉其中,可尽情品味水乡特色,饱览田园生态风光。三是规划建设起村民文化中心、居家养老中心、康复养生中心等配套设施,解决村民生活所需所盼,实现生活品质大改善。四是依托这些生活配套服务设施场所,积极推动"最多跑一次改革"延伸到村到户,建立惠民代办点,方便群众办事。加强党建引领,实践"三治融合",组建起常态化的党员先锋队、矛盾纠纷调解队、老人文明劝导队、巾帼义工队等社会组织,广泛开展清洁家园、垃圾分类、移风易俗、普法宣传、纠纷调处、关爱老人、体育健身等公益活动,形成共建共治共享的村居治理新模式。特别是养老中心,采取集中供养形式,共计110套养老住宅,实行统一装修、统一管理,功能设施一应俱全,每位60岁以上的老人只需交押金3万元即可拎包入住,生活设施一应俱全,百年

之后退回押金，真正实现了老有所依、老有所养、老有所乐、老有所安。

三、发展产业，实现乡村振兴有奔头

绿水青山就是金山银山。依托中对口村优美的生产、生活、生态环境，编制乡村振兴产业发展规划，村"两委"积极带领群众致富奔小康：一是通过建设高标准农田、标准农田、耕地质量提升等项目，做大做足农业生产文章，开发现代农业多种功能，先后建起了淡水养殖、大棚蔬菜、水果种植、优质水稻等高效规模农业项目；二是依托优美生态田园风貌，完善的文化休闲设施，积极发展乡村旅游、农家乐旅游、中小学生研学等休闲产业；三是利用小区架空层7000平方米的空间、3000平方米的商业用房，发挥靠近龙港市工业区的优势，大力发展来料加工，每年增加村集体经济收入200万元，解决劳动力300多人；四是创办村集体绿鑫物业公司，在经营管理好本村小区物业的同时，积极承包龙港、灵溪等附近城市内小区物业管理，做大产业规模，带动更多村民实现就业；五是利用四大省级重点工程项目（垃圾发电厂、灵海大道、横阳支江治理、高压输变电工程）在本村建设的机遇，积极派送劳务用工，千方百计增加村民工资性收入；六是创办绿鑫环保科技有限公司，依托所在垃圾发电厂的炉渣进行无害化处置，变废为宝，推动循环经济发展，有效增加村集体收入……

在短短几年时间内，中对口村从一个脏乱差的村庄蝶变成一个"花园村庄"，真正实现了"产业兴旺、生态宜居、乡风文明、治理有效、生活富裕"的乡村振兴目标，离不开新时期党的全面建成小康社会的政策引领，离不开一批"撸起袖子加油干"真正实践党的宗旨的基层干部的辛勤付出。中对口村的成功治理，诠释了以村庄土地综合整治改善人居环境进而实现乡村振兴的路子是一条正确的发展之路。

2020年4月

第三辑 关于区域内乡镇、村居、企业和人物

一百公里的规划

一

龙港设市,犹如平地惊雷,很多故事才刚刚开始。

网上曾有一篇文章讲一位旅居海外的商人来到龙港市的一个村,签订了300多亿元的投资,开口就要10000多亩地,这下可乐坏了这些平时没怎么见过"大数据"的村干部。但是,有人翻出了这位商人的"辉煌"的投资履历表,发现这位老兄一路走来,一路讲故事,天南地北、天花乱坠、天马行空,实在是一个手段并不高明的江湖"大忽悠"。

其实,从这个事情来看,龙港市这个村的干部的积极性还是很高的。龙港市挂牌才半个月,市领导班子还没有成立,就开始主动引进外资。只是没有细细加以甄别,一时被人利用,不过还好,也没有造成什么大的损失。

问题暴露出来,倒引起了我们的反思。龙港市实行"扁平化"管理,市直接管村,中间没有设乡镇。龙港市的新型城镇化综合改革、高质量发展不能没有村一级的参与,量大面广的村居是其发展的厚重基础。村一级怎么发展呢?这是一个新的、富有挑战性的课题。

二

要发展，首先是空间资源。

盘点一下浙江省龙港市的空间资源。龙港市现有面积183.99平方公里，人口38.2万之多，下辖102个村居，平均一个村居面积1.8多平方公里、3700多人口。当然城区和乡下差别还是比较大的。龙港市已建成区的面积在30平方公里左右，正在开发的龙港新城（即海涂围垦区）面积30平方公里，剩下的空间都是农村，面积在120平方公里左右。可见，农村面积占比还是很大的，大约在60%左右。

2011年并入龙港镇的云岩、肥艚、芦浦三个社区，现在大部分是农村。可见，龙港市城镇化的任务还是比较艰巨的。值得关注的是，云岩社区的中对口村，整村拆旧建新，建起了占地100多亩、建筑面积达10多万平方米的高档住宅小区。这是温州市第一个农房集聚改造试点村，现在成了探索我国新型城镇化综合改革、实现农民就地城镇化的一个样板，各级领导干部到龙港市考察必去该村。中对口村之所以乌鸡变凤凰，源于农村宅基地政策的突破，当时叫农村土地"增减挂钩平衡"。

随着改革的不断深入，令人欣欣的是，2020年1月1日即将实施的《中华人民共和国土地管理法》规定农村集体建设用地直接入市。这是一项重大农村土地制度突破，专家认为，将给无数个农村送去根本性改变发展命运的良机。

三

其实，村居一级的发展，核心因素在于交通。

绿水青山为何现在突然会变成金山银山？就得益于交通的根本性改善。沈海高速贯穿了温州大地，给沿线的县、乡镇、村居带来了福音。温州境内的文成、泰顺两个山区县没有接到，一直在争取，现在也通上了高速，旅游业发展一下子实现了大跨越。所以，现在温州市委、市政府提出"大干交通，干大交通"就是非常正确、富有远见的发展思路。

在温州市沿海多个县当中，苍南县是海岸线最漂亮的。其中包括大家耳熟能详的渔寮大沙滩，四星级的旅游景区，长2800米，宽800多米，雄盖全省。还有大大小小的各种沙滩、岛屿、滩涂、峭壁、港湾不计其数，环境舒畅，风光旖旎。多年来，苦于交通不便，始终深待闺中。

2019年底通车的甬台温高速复线恰好弥补这一不足，在苍南县沿海地区设立了四个高速出口，即龙港、钱库、大渔湾、马站出口。为此，苍南籍知名商人林允华先生早在多年前就十分敏锐地捕捉到这一商机，毅然投巨资在渔寮建设五星级酒店，推动旅游业高质量发展。

现在，在苍南县，包括刚刚从苍南县分出单独设市的龙港，其沿海地区的很多村居，都在打交通牌，都在计划方便的交通条件为其带来意想不到的种种机会。龙港市的林家院村，就是其中"富有野心"的一个。

四

林家院村是龙港市芦浦社区下面的一个村。村的地理位置、交通条件非常好，北边是龙港新城（是龙港市未来开发的热土），东边是高速公路出口。境内河网密集、土地肥沃、房屋错落有致，全村户籍人口3900多人，常住人口2000多人，水田面积1100多亩面积。村民的姓氏主要是黄、杨居多。按照一般的思维，村干部就是把上级交给的任务及时完成，每年拿一点报酬就好了。但是，时代的发展、改革的深入、觉悟的提升，村干部再也不是想象的那样刻板了。

现任村支部书记黄贤楼，是一位头脑灵活、极富魅力、干事创业的基层能人。在当下龙港市如火如荼扑灭蚊蝇、打赢"登革热"的专项行动中，林家院村凭借出色的日常垃圾管理、优美的农村环境，让这一项工作走在了全省、全市的前列。

走在长2800米的村内河滨塑胶游步道上，悦耳的音乐环绕四周，微风徐来，水波不兴，彩色的画舫，静静泊靠在柳树下。不远处，灯火通明的篮球场上，龙腾虎跃的年轻人在专注自己的兴趣爱好，给这乡下的恬静的夜晚，增添了些许生气。

这一片优雅环境的塑造,来源于黄贤楼的一个创意。他想到了村里在外的诸多乡贤,就在乡贤微信群中搞起了捐资建设家乡的"接龙"活动,短短数小时内就筹措到120多万元建设资金。农村不是空巢老人、留守儿童、外来人员的蛮荒天地,也不是脏、乱、差的废弃壳、闲置场,只要条件具备、政策支持、人心统一,将是一块待开发、前景诱人的泽惠膏腴。

五

新型城镇化综合改革、农村集体建设用地直接入市、高速公路即将通车,这是摆在林家院村面前的三大发展机遇。另外,充裕的土地房屋资源、数量不少的在外乡贤、有决心有能力的村级两委班子,这是林家院村让政策发展机遇落地不可缺少的现实条件。按照黄贤楼书记的话,就是政策、资金、人都没有问题。既然没有问题,那就是如何谋划发展的问题。

历史上,林家院村除了滩涂养殖业外,还一度做起了海上贸易,但是,农耕文化还是占主导的。把林家院打造成为一个以农耕文化为主导的都市特色休闲村庄,定位为龙港市乃至温州市的后花园,是未来发展的方向。

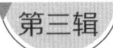 第三辑 关于区域内乡镇、村居、企业和人物

从龙港市到温州市区，大约也就60公里，南北方向都辐射到，也就100公里左右，即一个小时交通圈的范围，这是林家院规划发展时要考虑的市场，旨在吸引这一范围内高端人士周末前来休闲度假。

发展不能忘记历史。芦浦、舥艚一带，是有"千年钱王故里，百里江南水乡"之誉的江南垟湿地的核心区块，也是潮起潮落、陵谷变迁的治水斗海的历史记录地。从农耕文明走向海洋文明，这是新时代的趋势，也是龙港市未来努力发展的方向。距离万吨大港——浙南舥艚港仅5公里远的林家院村，自然也不能忘记这一事实，在熟悉的汽笛声中似乎悟出一些东西。

2019年10月

龙港设市 与 区域高质量发展

村级治理的宜一样本[①]

一

见一下杨成涛书记，也蛮难的。现在的宜一不叫村了，叫宜一社区。今年5月，加入了站前、前垟、东兴、仁寿4个社区之后，宜一社区成为温州市苍南县宜山镇一个巨无霸式的新社区，人口达8700多人，社区书记还是由杨成涛担任。新的社区组建，很多事情要对接、要完善、要磨合，工作从来一丝不苟的杨书记自然更加忙碌，约了好几次，才得以见面。

杨书记于1950年出生，与中华人民共和国几乎同龄，看上去比实际年龄年轻很多。从1988年担任宜一村党支部书记到现在，已经连续当了32年的村党支部（后来改为村党委）书记，其间，还当选为第九、第十一届全国人大代表。宜一村获得的国家、省、市、县级荣誉无数，其中，分量最重的荣誉无疑是中共中央组织部两次颁发的"全国先进基层党组织"。

虽不能与国内的江阴华西村、奉化滕头村相媲美，但是在温州，宜一村也是响当当的。30多年发展，让宜一村的集体经济从当初的微不足道40万元扩大到

[①] 在推进治理体系和治理能力的现代化过程中，村一级如何实现有效治理？这是一个亟须回答的重大实践问题。浙江省苍南县的宜一村给出了答案。30多年来，宜一村在支部书记杨成涛的带领下，走出了一条以发展壮大集体经济实现共同富裕的路子，为新时期"乡村振兴"战略实施提供成功范例，也为"温州模式"的创新发展提供新的视角。

第三辑 关于区域内乡镇、村居、企业和人物

现在的3个亿的规模,而且,村集体资产全部股份化,村民持股年年享受分红,享受社会主义、集体经济发展带来的幸福。现在宜一村每个家庭每年的现金分红在1万元左右。没有人置疑宜一村这些年的发展成就,没有人置疑杨成涛书记的能力和情怀。

老骥伏枥,志在千里。今年,苍南县村居大调整,一半村并掉了,但是,宜一这一牌子不但保留还做大,宜一社区书记还是由杨成涛来担任,说明组织上对宜一和杨书记的工作一直是肯定的。

二

宜一村30年发展怎么看?

杨书记一直很谦逊,他认为,不能只看到这30多年的发展,还要看到30多年以前的发展,宜一村这30多年的发展成就离不开以前打下的基础。从新中国

龙港设市 与 区域高质量发展

成立后到 1988 年这 40 年间，宜一村发展与同时期的其他村相比也毫不逊色，他本人是站在了前人的肩膀上。对改革开放以来这 30 多年的发展经验，杨书记有四句话加以概括：一是始终坚持和加强党的领导；二是始终坚持发展壮大集体经济；三是始终坚持走共同富裕的道路；四是始终坚持用先进文化引领发展。用现在流行的语言来对照的话，就是坚持"制度自信、理论自信、道路自信、文化自信"。这其中最重要的经验就是，宜一村始终坚持发展壮大集体经济，以此带动村民走上共同富裕的道路。

要知道，30 多年前的温州，是一片个私经济的海洋，也是舆论盛传的所谓"温州模式"。那时，大家争先恐后发展个私经济，以发展个私经济为荣，但是，集体经济发展却落下了。而宜一村呢？恰恰反其道而行之。杨书记在考察了全国很多地方后，根据宜一村、宜山镇的实际情况，以自己超前的战略思维和无畏的勇气，于 1988 年毅然做出了发展村集体经济的决定，创办了第一家村集体办的印染企业，从此一发不可收。当时，很多人不解，很多人反对，然而始终不动摇，下决心干了，干成功了。现在想来，这不能不说是个发展奇迹、治理的奇迹。温州人精神"敢为天下先，特别能创业"这两句话用在这里最恰当。

三

发展，没有固定的模式。邓小平讲：关键看是否有利于发展社会生产力，是否有利于提高国家的综合实力，是否有利于提高人民群众的生活水平。"苏南模式"地区现在大力发展民营经济，"温州模式"地区也在倡导发展集体经济。实践是检验真理的唯一标准，历史也是检验真理的唯一标准。30 年后回头看，是对是错，一目了然。

很多人在讨论"温州模式"如何创新？其实，宜一村不走寻常路，弃个私，就集体，走成功了，这就是"温州模式"的创新。如果当时选择走发展个私经济的路子，杨书记现在自己个人可能已经是千万或亿万富翁了，但是，宜一村集体肯定变成了"空壳村"，这是他当初预见到的结果，也是不愿见的结果。

因为在他心中,一张乡村振兴的"路线图"徐徐展开……

壮大了村集体经济,只是第一步。分好集体经济这块"蛋糕",却是最重要的一步。2000多年前,孔子就提醒大家要注意集体财产如何分的问题:不患寡而患不均。怎么分?现在大家都明白了,都在做了,叫"集体资产股份化"。但是,15年前杨书记就把宜一村的"集体资产股份化"工作做好了,你能吗?什么叫先进?什么叫改革?什么叫创新?说白了,就是在时间上早那么一点。很多村集体资产都比宜一村多,但是,就是分不好,干部反目,群众上访,好好的一个经济富裕村硬是被戴上"上访村、问题村"的帽子,村内矛盾重重,最后发展被拖累。显然,这不是杨书记要的发展。

四

钱有了,分得也公平了,是不是该满足了?

村这一级处在中国社会治理的最底层,但是,最底层不等于目标要求最低。杨书记认为:治理没有高下之别,只有成功与否之差异。富裕起来的村民,他们一样有更高目标的美好生活追求。

短短时间内,宜一村做了这些事情:全县第一个建起村老人公寓,第一个实行养老补助金,第一个实行村级社会养老保险;全市第一个建起村办幼儿园;全省第一个实施村级廉租房,第一个实施村低保制度……村集体经济发展壮大了,村里的社会公共事业自然也会兴旺发达起来,如果还是"空壳村",能想象吗?能做到这么第一吗?

再加上,各级党委、政府的各个部门在这里的创建活动更是络绎不绝:民主法治村、小康村、安全文化示范村、森林村庄、低保规范村、村务公开民主管理示范村、法制宣传村、小康体育村、生态村、文化示范村……走进宜一村办公大楼的一楼大厅,墙上挂满了各种创建活动的荣誉牌子,一时数也数不清楚。

一个村搞这么多的创建活动,是形式主义,还是有实际成效?杨书记的回答是：关键取决于你怎么做？你如果把它看成累赘，走走过场，那就走走过场；如果你把它当作机遇，认真去做，那也是有成效的。杨书记做事情，做一样像一样，做一样成一样。比如，安全文化示范村建设，上级也没有什么具体的创建标准要求，可是，他却探索出"十个一"的一套做法，结果成了典型，引来了全国各地的参观学习者，安全文化建设的"苍南样本"由此发端。

五

2018年3月初。宜一村召开了"村干部报酬协商会议"，这次会议的议题是给村干部减工资，而提出这一议题的是村民代表。在中国，给干部加工资很正常，但是，给干部减工资却很少见。先不说工资高低是否合理，单单由村民代表提议给村干部减工资这一做法，就充分体现了村一级民主决策、民主管理、民主监督制度十分健全。

一个威信极高的书记，再加上一套民主决策、民主管理、民主监督制度，这是宜一村这些年来发展的底气所在和价值追求。书记威信再高，也在制度范围内行事，在制度范围内行事，赢得了村民的更加信任和支持，由此形成了良性的治理互动，这是宜一村治理成功的一条重要经验。乡土社会，传承千年的中国国情，宜一村予以颠覆，这是勇气，更是智慧。虽然不是一劳永逸，但是，至少跨出了决定性的一步。

有个情况需要说一下。杨成涛在担任宜一村支部书记之前，曾经担任过宜山镇副镇长。这副镇长不是公务员，而是直接从农民招聘为副镇长的，招聘的原因是他农民当的好。好在哪里呢？1983年他承包的农田亩产达到900公斤，这在当时是一个了不起的成就。杨书记的确是干一行爱一行精一行，这是他之所以成功的最重要的特质。

人有多大胆，地有多大产。面对新情况、新挑战，如果没有一股气、一股劲，能走出一条好路子吗？中华人民共和国成立70周年之际，宜一由村向社区转型。近70岁的杨书记，不忘初心，牢记使命，续写辉煌再出发。在他的带领下,探索村居一级治理能力和治理体系现代化的步子一刻也没有停止。我们有理由相信,一个更务实的宜一将出现在中华人民共和国这面鲜红的旗帜上。

2019年6月

龙港设市 与 区域高质量发展

浙福水产,高质量发展的探路人

一、数据讲话

"温州浙福边贸水产城"[①] 是浙江省苍南县一座标志性市场,曾经列入全国十大水产品市场、农业部定点市场。

104 国道线从它前面贯穿而过,每天车来人往,川流不息。鲜活水产品交易时间是每天下午 6 点开始,持续到次日凌晨。来自省内外的各种海鲜把市场装得满满的,人山人海、摩肩接踵,彼此听不清声音。可是在白天,远远望去就像一座旧的普通菜市场,其貌不扬。所以,很多人一直没有把它放在心上,甚至把它等同于"脏、乱、差"。但是,如果晒一下成绩单,你的看法就会立马改变。

2018 年市场交易额 44.98 亿元,交易产品达 1000 多种,交易了近 30 万吨水产品。直接带动了与市场配套的销售、运输、加工、服务等共计 5200 多人就业。间接带动了当地苍南县及周边地区 20 多万渔民从事海洋捕捞、养殖、加工产业。

再看一下另外两个数据:一是市场占地面积 40780 平方米,即 61 亩;二是折算成亩均交易额就是 7300 万元,这样的数据比当地的工业用地的亩均产出要

---

① "温州浙福边贸水产城"位于浙、闽两省边界的苍南县灵溪镇,创办于 1998 年,于 2000 年投入使用。20 年来,坚持以经营户为中心,坚持以创业带动就业,坚持以市场繁荣带动相关产业发展。2018 年市场交易额达 44.98 亿元,直接带动 5200 多人就业,辐射国内及东南亚、东北亚、北美等地区,成为国内水产品业一个响当当的龙头。

第三辑 关于区域内乡镇、村居、企业和人物

高很多。

还有一组荣誉"数据"更能说明问题：2008年被评为全国十大水产品交易市场、农业部定点市场、全国著名品牌市场；2010年被评为中国质量服务信誉三A级企业；2013年被评为全国诚信经营市场、中国优秀示范市场、中国质量服务信誉三A级企业；2016年被评为中国质量服务信誉三A级企业。至于省级、市级的荣誉就不说了。

目前，"温州浙福边贸水产城"不仅是当地打造省级特色商贸业重镇的主平台之一，而且其水产品交易规模位居全国同类市场第五，占温州全市交易规模的50%以上，是温州渔业对外交流的重要窗口。

二、让利经营

很多人不解：这个市场设施陈旧、场地不足，为什么生意却一直这么红火？就是让利、大幅度让利。向谁让利呢？当然向市场广大经营户让利。为此，"温州浙福边贸水产城"把市场商铺及摊位的租金和管理费降到了最低，让经营户轻资产经营。

低到什么程度呢？据统计，目前市场共有385间商铺及摊位，每年大约让利3000多万元，分摊到每个商铺及摊位，大概是7.8万元左右。这种做法有点像国务院直接给予种地农民现金补贴，而且20多年一直实行着，藏富于经营户，让

经营户得到了实实在在的利益。

据了解,偌大的一个市场及配套设施,市场投资运营方每年的物业、租金、管理费等净收入仅 1000 来万元,而且一直没有增长,与每年让利给经营户 3000 多万元相比,只占其三分之一左右。由于大幅度让利经营户,导致市场投资运营方收入锐减,市场配套服务设施的改善受到了一定的限制。

前些年,在这个市场的斜对面,当地政府规划了一个新的水产品市场。在参加该土地招拍挂时,"温州浙福边贸水产城"的投资营运方拍到了 1 个亿价格时就不再追加,结果被他人以 1.9 亿元的高价拍走,错失了自己的水产品市场实现升级发展的良机。

为什么没有去高价拍下这块地?据专业人士测算,1 亿元价格拍下这块土地,再加上建设安装成本,新水产品市场建成后,每个摊位按照 80 个平方米的面积计算,成本大概在 70 万元左右,这个价位经营户是可以承受的。但如果是 1.9 亿元价格拍下这块地,再加上建设安装成本,估计每个摊位价格在 110 万元左右。显然,这大大增加了经营户的负担,与市场一直实行的"让利经营户、轻资产经营"的原则不符。

2019 年 4 月,"温州浙福边贸水产城"部分经营户集体自发与"温州浙福边贸水产城"的投资运营方续签 10 年的租赁合同,以保证自己长期享有"低租金、轻资产"的经营权益。

一个市场繁荣与否,既要场地设施先进上档次,更要积极调动广大经营户的积极性。"温州浙福边贸水产城"用"让利、轻资产"这一最朴实的举措,真心呵护广大经营户,赢得了尊敬,赢得了市场。

三、单品崛起

在激烈的竞争中,如何保持市场繁荣发展呢?最重要的是要有适销对路、人无我有的"拳头"产品。苍南县位于浙江省最南端,有"浙江南大门"之称,东临大海,南接福建省宁德地区,海岸线长达 168 公里,海域面积 3700 多平方公里,海洋资源十分丰富。苍南县以及周边接壤的地区海洋养殖、捕捞业很发达,

仅苍南县就有"中国梭子蟹之乡""中国虾皮之乡""中国紫菜之乡"等国字号特色产业牌子。宁德地区的黄花鱼养殖在国内享有盛誉，产值很大，几乎垄断国内市场，产品还出口到国外。

如何抓住区域海产品资源优势，在市场众多的海产品交易中，做大一个或几个单品，这往往会影响甚至决定着一个市场的发展。基于此，"温州浙福边贸水产城"始终把做大单品作为市场发展的重要抓手，积极与苍南县农商银行、台州银行、民生银行、中信银行、绸州银行、平安银行等开展战略合作，获得授信资金规模达 3.5 亿元，平均每年为经营户低息融资 5000 多万元，支持经营户与黄花鱼、紫菜、虾皮、梭子蟹等养殖基地对接，确保市场货源充足，确保单品做大做强，大大促进了市场的繁荣。

黄花鱼是"温州浙福边贸水产城"里一个著名单品。为了做大这一单品交易，30 多个市场经营户结成了交易联盟，与宁德黄花鱼 40 多家养殖户达成合作，保障这一海产品的供应量，使"温州浙福边贸水产城"成为国内黄花鱼交易的一个重要市场，市场年交易黄花鱼大约 1.56 万吨，年交易额 7 亿多元。

紫菜是"温州浙福边贸水产城"里又一个著名单品。紫菜的养殖，国内主要分布江苏、浙江、福建、山东、广东五省，其中，福建和浙江占 70%。而福建主要集中在闽东地区，浙江主要集中在温州地区，最有代表性的就是温州苍南县和宁德霞浦县是中国两个国家级的"紫菜之乡"。2018 年"温州浙福边贸水产城"实现紫菜交易大约 5800 吨，交易额在 3.5 亿元左右。

另外，虾皮、梭子蟹、带鱼、墨鱼、鲳鱼等单品，也取得了不错的交易业绩，正在逐步培育做大，成为"温州浙福边贸水产城"系列"拳头"单品。其中，虾皮于 2018 年交易了 3000 吨，交易额在 3 亿元左右；梭子蟹于 2018 年交易了 2000 吨，交易额在 3 亿元左右。

2019 年 5 月，具有丰富市场建设营运经验的"农融网"总裁谢宁考察"温州浙福边贸水产城"。他认为："单品策略，是市场发展壮大的一种可行策略。在细分领域优先占据更多的市场份额后，再打多元化发展这张牌，带来的结果往往是事半功倍。"

单品崛起，让"温州浙福边贸水产城"看到了未来发展的一条新路子。

四、路在何方

推动苍南水产品业发展，最重要的是开拓增量市场。

2018年，阿里巴巴在全国开了140家"盒马鲜生"门店，依托互联网信息技术和出色的冷链物流系统，卖出了140亿元的海鲜。总结"盒马鲜生"的成功经验：一是树立自己的牌子——"盒马鲜生"；二是有高效的销售机制，包括互联网信息技术和出色的冷链物流系统；三是有自己掌控的货源。

对苍南水产品业来说，也是一样。打出"苍南水产"的牌子，掌控单品资源，打通国内外市场，并辅以畅通的冷链物流系统。做到这些，自然就会做大做强增量市场。与阿里巴巴"盒马鲜生"BTC模式不同的是，苍南水产品增量市场目前暂时还是走BTB模式，下一步再考虑BTC模式。

对"温州浙福边贸水产城"来说，市场配套的冷链物流系统最为薄弱，是一个瓶颈，可以先从这里入手。通过引入社会投资者，建立自己的冷链物流车队和仓库，解决远距离运输和仓储问题，这是苍南水产品业做大做强的关键环节。这个环节解决了，前面的掌控水产品资源和后面的打通远距离市场两个问题就变得容易解决。

增量做大后，存量也要归集起来，让整个市场以股权为纽带，把市场运营方、投资者、经营户三方结成利益共同体，共同推动市场做大做强、繁荣发展。同时，建立市场信息化交易系统，使交易数据实时掌控。

清晰的股权，准确的数据，再加上健全的市场管道、机制，对接资本市场实现上市的希望就会大大增加。也由此，苍南水产品业必将迎来高质量发展的新时代。

第三辑 关于区域内乡镇、村居、企业和人物

灵溪参茸，你的故事越讲越美

一

"中国人参鹿茸冬虫夏草集散中心"位于温州市苍南县灵溪镇。很多人不解，苍南县种植人参吗？没有；养鹿吗？也没有；地里能生出冬虫夏草吗？更没有。那为什么"中国人参鹿茸冬虫夏草集散中心"会放在这里呢？是啊，这世上有些事情就这么有趣。

翻翻旧历：2005年，在灵溪镇沿104国道线边建成了"中国人参鹿茸冬虫夏草集散中心"一期项目，建筑面积5万平方米，共有摊位近400个，专业经营户300多户，市场定位滋补品、中药材交易。主要经营人参、鹿茸、冬虫夏草、东北雪蛤、燕窝等各类滋补品、保健品及其他各种中药材，品类达千余种，辐射区域覆盖全国各地及美国、加拿大、澳大利亚、新西兰、日本、韩国、朝鲜、东南亚地区。当时，这个市场还不叫"中国人参鹿茸冬虫夏草集散中心"，叫"温州浙闽农贸综合市场"。

2006年4月25日，中国商业联合会商品交易市场委员会授予苍南县灵溪镇参茸市场"中国人参鹿茸冬虫夏草集散中心"称号，时任中国商业联合会会长的何济海题写了市场名称，这一系列举措等于为灵溪镇的这个参茸市场正式定调正名。

2016年开始建设"中国人参鹿茸冬虫夏草集散中心"二期项目，总投资8

亿元，建筑面积 10 万平方米，12 幢主体商铺将于 2019 年 6 月竣工，2020 年全部工程完工，市场定位为健康产业。这个二期项目又叫"浙闽·金银岛健康产业广场"，现在正在招商。

2018 年，"中国人参鹿茸冬虫夏草集散中心"的交易额超过 50 亿元，其中，鹿茸的交易额占全国 80%。所以这里就叫"中国人参鹿茸冬虫夏草集散中心"。

滋补品当中，有一样东西很贵，就是冬虫夏草。通俗地讲，就是冬天是一条虫，夏天又变成一根草，一下子是动物，一下子又是植物。但就是这不虫不草的家伙，曾经最火时的价格卖到 30 万一斤。什么概念？一斤冬虫夏草价格等于两斤黄金价格。有人不解，这么贵的东西，真的就那么补吗？但是，市场中有很多人要买，这里的一商户曾经一单卖出的冬虫夏草价值 5000 万元人民币。

一转眼，13 个年头过去了。"中国人参鹿茸冬虫夏草集散中心"现在已经成为苍南县一张对外宣传的金名片。很多媒体、研究者在宣传、解读这一现象时，认为这是承载敢为天下先精神的"温州模式"的一种创新——无中生有。"温州模式"创新也好，无中生有也罢，作为曾经的温州市十大专业市场之一，在其他市场逐渐走向衰退的同时，却一直很刚毅地走下去，繁荣而没有消亡。

二

是无中生有吗？不是，其实还是有现实基础的。一个产业的形成，不会无缘无故从天上掉下来的，哪怕是突然的外来嫁接，也要有相匹配的基因作为前提。苍南县就有这样的基因基础。翻开中国地图，苍南县位于浙江省与福建省的交界处，是典型的省际边界地区。2009 年苍南县动车站通车时因为是中国第一个县级始发站而为人们津津乐道。为什么会是始发站？就是边界的缘故。

边界，往往意味着族群、文化、产业会五花八门、五湖四海，商品、人员、文化交流的意愿会特别强。灵溪镇是苍南县的县城所在地，有着 40 多万人口的一个特大镇，位居全国千强镇的前 50 位，其大部分居民的祖先来自福建，讲着闽南语。在历史上，灵溪镇是浙、闽省际的驿站所在地，人员往来、商品交换十分兴旺发达，所以，商贸业及其配套的产业很容易兴起，也一直是当地人谋生的主要手段。

比如，灵溪镇及其周边的桥墩镇，现在制作糕饼、加工卤制品等的手工业十分兴旺，丁源兴、林淑盛两个牌子是响当当的老字号。卤制品就更不用说了，老李、香巴佬两个牌子更是全国闻名，离上市公司越来越近。灵溪镇还有卤制品工业园区，集聚着上百家卤制品企业。另外，还有一大批在全国各地的灵溪人也在做卤制品产业。其实，这些产业就是当初繁荣的省际贸易的历史见证和文化遗存。

这个世界从来不缺生意，只缺会做生意的人。省际、贸易、手工业，带出了一批人，一批懂市场、跑码头、会经营的人。

据记载："灵溪人历来善于经营参茸等中药材。80年代市场松动，一些人重操旧业，前往东北进行收购、加工，运回本地销售，东北商人也来灵溪从事参茸经营。仅1985年，灵溪红参、别直参交易量达17.5吨，价值2800万元。1987年，28家经营者组成市场，逐渐形成规模，至1989年，经营企业增加至197家，经营品种有各种规格的鹿茸、国产人参及进口参25种，滋补口服液有青春宝、双宝素、人参蜂皇浆等113种，中药材近300种；市场辐射13个省80多个县；交易高峰期，日销人参约3吨，滋补口服液3000余件，中药材20余吨，金额100多万元。1990年成交额近亿元。"

这一段话，是萧耘春主编的《苍南县志》中的原话，反映出20世纪80年代组建起来的苍南参茸市场，生意已经十分红火了。正如《苍南县志》中所言，灵溪镇居民参与经销参茸业是"重操旧业"，其历史还可以追溯到民国、清朝，乃至更早的时候。

三

进入商业互联网时代，一度红火的参茸生意遇到了瓶颈。一些精明的市场经营户也做了一系列的尝试，但是，由于滋补品、保健品、中药材这些产品的特殊性，让一家一户尝试做线上交易的无果而终。

为什么？滋补品、保健品、中药材的实体线下交易集散，主要还是作为农副产品的原材料及初级加工处理后的交易。这些产品，如果一家一户想放到线上交易，那要求就完全不一样。首先要有严格的产品质量标准及权威机构的质量认证保证；其次，要有中药材、滋补品或保健品的加工资质；再次，还要有完善的仓储物流服务设施配套。一家一户，显然没有能力做到这一点。这个时候，就需要有人解决这些市场生产经营中"公共性"问题。比如，要建立一个权威的质量检测认证机构，服务并保证市场每一个商户出售的产品的质量；比如，要组建一家大的医药保健品类的生产公司，以"公司＋经营户"的形式来带动这些一家一户的经营者解决滋补品、中药饮片的加工资质问题；比如，要建立现代化的仓储物流配套，保证及时高效的货物配送交割。最后，还要建立一套先进的电子交易平台，用大数据和人工智能技术实现交易服务的个性化定制、个性化销售、个性化管理，等等。这些问题不是没有想到，而是一直没有下决心。为什么？因为房地产机遇。

很多年以来，在中国，一些投资人对专业市场的理解往往就是房地产概念。我开发了一个专业市场，卖出了摊位，回笼了资金，赚到了多少钱，这个市场的开发就算完成了，再留下一个物业公司，管理着市场日常的物业，从一家一户的市场经营户那里收一点物业费，大致就是这样的商业模式。这种商业模式，现在还有人在搞。所以，几乎没有人去思考，这个市场本身除了交易，还有什么可以值得去发展的产业，还有其他的商业模式没有？

政府呢？除了收到了开发商的一笔可观的市场开发的土地出让金、一次性市场摊位销售的税收，几乎没有其他收益。再加上市场商户平时交易一家一户的，也没有什么数据，税收很少，于是，政府干脆就"放水养鱼"。但问题是，鱼一直在养就是养不大，似乎除了水，还应该要点别的什么营养。

房地产一时收益的看涨，让大家觉得一切都很正常。可是，当潮水退去，才看清楚原来是谁在裸泳。宏观、微观经济持续不景气和国家房地产的调控力度的不断加大，才让大家又把目光、思路转向了实体经济和产业的可持续发展，才想起了具有地方特色的专业市场不仅仅只是一个房开项目，而应该是一个不错的可持续发展的产业，甚至就是地方政府的支柱产业。

第三辑 关于区域内乡镇、村居、企业和人物

四

2019年1月,浙江省省长袁家军在省人代会上高调宣布推动龙港设市,让苍南县龙港镇的干部群众兴奋了起来了。但是,同属苍南县的灵溪镇却在焦虑:"没有了龙港镇的苍南县,其经济支撑就靠灵溪镇了,而我灵溪镇拿什么产业来支撑呢?"刚上任不久的灵溪镇长郑贤跑的一番话,让人动容!

灵溪镇不是没有产业,也有一些先进制造业。比如:苍南县仪表厂、天信仪表厂、浙江维融等这样的优秀企业。苍南县仪表厂刚刚在香港上市;天信仪表厂被上市公司收购,等于变相上市;浙江维融正在对接上市,但是,商贸业更加代表灵溪镇的产业特色。在沿灵溪镇104国道线布局了:中国人参鹿茸冬虫夏草集散中心(一期、二期)、温州浙福边贸水产城、浙闽台水产城、嘉恒家居广场、浙福轻工家电城、温州浙闽农贸综合市场、浙闽副食品市场、浙闽物流中心、苍南县粮食交易市场、钢筋仓储中心、苍南农副产品仓储中心、苍南天客隆商超项目、恒基药业公司、宏泰医药销售公司、浙闽台汽车城等商贸物流产业集群。同时,积极推进云创电商孵化园、嘉恒网商创业园、海西电商科技园建设,建设一批电子商务创新发展平台。2017年灵溪镇成为首批浙江省级现代商贸特色镇试点,2018年编制完成《灵溪镇省级现代商贸特色镇创建方案》,并提出要建设成为"浙闽省际商贸重镇"的战略目标。

难得的发展机遇,精准的发展定位,宏大的愿景规划,预示着灵溪镇的特色商贸业发展迈入快车道。而在诸多特色商贸产业中,最引人注目、熠熠生辉的无疑是"中国人参鹿茸冬虫夏草集散中心"的发展。

这是一张标志性的牌子:特色商贸特在哪里?不是产地,却是集散中心。一张趋势性的牌子:滋补品交易,这是大健康产业的范畴,这是未来产业发展的风口。一张国字号的牌子:中国商业联合会授牌,中国商业联合会会长题写字号。一张不能不打的牌子:一个年交易额超50多亿元、鹿茸交易额占全国80%、带动数千甚至上万人就业的市场。

我们总是羡慕阿里巴巴、羡慕马云,认为电商改变世界、改变产业、改变命

运。但是，电商的实质是什么？是市场。市场的背后是什么？还是实体产业。这就是马云现在为什么要致力于发展线上线下打通的新零售，为什么要和很多很多的实体经济单元捆绑在一起。

产业，永恒的产业。

五

正在建设的"中国人参鹿茸冬虫夏草集散中心"二期项目，又取名叫"浙闽·金银岛健康广场"，市场定位为大健康产业，而不单单是原来的一期市场的滋补品、中药材交易业，二期市场是一期市场的升级版。

市场要发展，不能仅仅是原来的一家一户的个体商户。个体商户当然要进入，但更重要的是引进高端项目、知名品牌、优秀团队的入驻，这是市场实现质的跨越的一个重要支撑。为此，目前二期市场已经或正在考虑建立现代化的市场电子交易平台、建立国家级的质量检测认证中心、建立现代化的物流配送交割系统、建立滋补品大宗交易所。同时，苍南县委、县政府正在策划举办以健康滋补

为主题的特色商贸业发展高峰论坛暨国家级的健康滋补博览会,以全新的面貌、形象、定位,争取在2019年底之际实现二期市场隆重开业。

市场不仅仅是一个市场,它的背后是一个巨大的产业。上市公司"康美药业"就是一个值得学习的案例,它从广东揭阳普宁市场起步,现在已经是一个全产业链的健康产业集群。全产业链、健康产业、特色小镇,这是"中国人参鹿茸冬虫夏草集散中心"下一步发展的方向,也正在与当地政府就此进行对接。马云说,下一个首富出在健康产业。随着党的十九大提出实施"健康中国"战略,相信以健康产业为主导的"中国人参鹿茸冬虫夏草集散中心"必定会带出一片更加辉煌的蓝天彩云。

2019年5月

龙港设市 与 区域高质量发展。

GIUSEPPE 职业做职业装

一

GIUSEPPE，即浙江乔治白服饰股份有限公司的品牌，公司位于温州市平阳县。2012年7月13日，浙江乔治白服饰股份有限公司在A股中小板上市，股票名称：乔治白，股票代码：002687。这是平阳县第一家上市公司，也是温州南部鳌江流域第一家上市公司，也是温州市第11家上市公司。在很多人的眼里，企业上市意味着实力，意味着财富的大跨越，无论对个人、对企业、对所在区域都是如此，所以，企业上市，所在地政府会予以大力支持、大力推动，因为这也是地方政府要考核的重要政绩。

2017年7月11日，平阳县又一家企业叫佩蒂营养科技股份有限公司在创业板上市。让同在鳌江流域的邻居苍南县眼馋不已。2019年1月4日，苍南县终于有一家叫苍南县仪表厂的企业，在香港H股圆了上市梦。

上市之后，作为劳动密集型企业乔治白发展得如何？A股的指数从2012年7月13日的2198点上涨到2019年10月16日的3010点，乔治白的股价却从发行价23元一股，跌到了现在的不到6元，就算加上送股，股价也达不到发行价23元。但是，实体企业却完全不一样。乔治白在浙江、河南、云南三地都设立

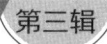

自己的生产基地,在温州、上海设立研发中心。2018年底,营业收入突破10亿元大关,比上年增长27%,其中,净利润达到1.13亿元,比上市那年2012年的净利润0.955亿元增长18%。这些数据反映了乔治白一直在平稳发展。虽然,外部宏观环境一直不尽如人意,股市大起大落、宏观经济增速放缓、中美贸易战、劳动力价格高涨。

二

印象当中,乔治白是做衬衫的,衬衫的质量不错,价格也不菲。温州这边的街头随处可见乔治白衬衫的专卖店,在下也常穿乔治白衬衫。陈良川是乔治白公司的一位副总。他告诉说,现在的乔治白主要是做包括烟草、银行、航空在内的职业装,当然也包括校服、高级定制,而衬衫的销售额其实很小。衬衫主要在温州、上海有一些专卖店,大概在100家左右,一年的销售额大概在4千万元,在公司占比不到5%,而定制的职业装占比要达到90%多。

职业装,实际上就是个性化定制服装,既体现职业的一般特点,又展示出新时期人们对于美好生活的向往,蕴含"大方、得体、舒适、自信"的文化内涵。这可以看成既是适应供给侧结构性改革的举措,也是实现高质量发展的内在要求。现在越来越受到欢迎,市场越来越大。2019年,乔治白的职业装进入全国十强,在高手云集的市场中获得这样的成就、荣誉实属不易。

乔治白是有底气的。1995年,浙江乔治白服饰股份有限公司成立,这是中意合资企业,意大利设计师Jn.Giuseppe出任公司首席设计师,把意大利的品牌服饰管理和成衣工艺理念带到了这里。现在,乔治白在温州、上海等地,依托当地人才优势,成立了专业的研发设计机构,一大批顶级设计师及其团队为乔治白提供研发设计保障,始终走在潮流之巅。2012年,乔治白推出UPC系统,即职业装个性化定制系统,以"一人一版"完美解决职业装个性化、差异化需求,为工业化生产、个性化定制创造了无限可能。2018年,乔治白响应"中国制造2025",倾力打造智能工厂,引进国际最先进的生产流水线,西服、衬衫的生产工序全面实现数字化控制,确保了工业批量生产与完美细节的高度统一。有一种衬衫叫 EEQ 记忆衬衫，就是乔治白基于新型分子交叉记忆技术研发的易打理衬衫，无论在自然挺平、舒适性还是生态低碳上都处于同类产品国际领先地位。

三

在温州，上市公司做服装的有四家，分别是乔治白、报喜鸟、美邦服饰、森马服饰，截至 2019 年 10 月 16 日，四家上市企业的总市值分别是 20.69、35.31、53.52、328.68 亿元，其中，乔治白是市值最小的。

这些年，资本市场狂飙突进，温州本土一些上市公司偏离主业，也跟着讲着资本的春天故事，大都把自己送上了危险的境地。但是，乔治白却耐得住寂寞，没有融资、没有担保去做主业以外的事情，一直专注于做服装主业，专注于走职业装的路子，按照陈总的话就是"职业做职业装"，在认定的细分领域一步一步不断向极致的目标方向迈进。

与报喜鸟、美邦服饰、森马服饰等相比，乔治白不走专卖店模式，除了极少数的乔治白衬衫专卖店之外。乔治白的订单主要是走正规的招投标的路径，凭借的是业内公认的技术与品牌优势，所以，管理费用并不大，董秘吴框笔的年工资不到 20 万。相反，企业毛利率比较高，2018 年的毛利率竟高达 47%。达则兼济天下，穷则独善其身。所以，在不好的宏观发展环境中，做好主业、控制费用，始终独善其身也不失为一种切合实际的企业经营发展之道。

在乔治白的厂区，可以看到几幢厂房围着一个偌大的草坪，草坪当中只栽着一棵树，觉得挺孤寂的。不过，虽然孤寂，但是枝繁叶茂，郁郁葱葱，生命力却很强，这可能就是乔治白这些年的写照吧！

2019 年 8 月

第三辑 关于区域内乡镇、村居、企业和人物

缬韵,让非遗走向市场

一

走进刚刚开放的浙江省苍南县灵溪镇的状元公园,一栋古色古香的小房子里面,摆满了各式各样的"缬韵"系列文化创意产品。一抬头,这不是叶其丹先生么?叶其丹先生就是"缬韵"文创的老板。之前,我一直称呼叶其丹为叶丹。在我的印象之中,是搞平面设计的,拥有一家设计室,做画册、宣传品设计、文艺演出之类的产品和服务。

这几年,随着文化创意产业的兴起,随着"大众创业,万众创新"的号召,随着供给侧结构性改革的推进,随着人民群众对美好生活的向往,时代为像叶其丹这样有想法、有追求的设计师、创业者提供了可以驰骋的一片空间。

叶其丹没有囿于原有思维的束缚,而是重新定位市场、定位产业发展目标,重新组建自己的专业技术团队,跳出苍南、面向全省、放眼全国,在苍南、杭州两地设立自己

的公司，开始了"缬韵"文创产业的探索之旅。

一点一点做大，也收获了回报。2015年11月，温州市人才工作领导小组办公室、温州市人力社会资源保障局授予"温州市叶其丹技能大师工作室"，2016年，温州市人民政府授予叶其丹"温州市（广告摄影业）第二轮名师名家"称号。

二

"缬韵"文创品牌的设立，其创意来源于浙江省苍南县、乐清市、瑞安市等地的国家级非物质文化遗产——颊缬。颊缬，始于秦汉，兴于唐，是用两块花纹对称的夹板夹住对折的织物，利用阳文处夹压防染的一种传统印花染色工艺。颊缬源于民间，是为了解决缬类印染的彩色着色和图案固定问题而出现的。传统的蓝颊缬曾被认为早已湮灭，实际上却在温州得以活态保存至今。有地方国家级非物质文化遗产的积淀和名气，打好"缬韵"这一文化品牌就显得有了更大的底气。再加上颊缬这一独特典雅别致的艺术视觉穿透力，相信人们在对现代艺术视角的审美疲劳之后，能够带来一个清新的诠释，这也是叶其丹之所以决定投资"缬韵"这一文创品牌的最初原因。

返古的思维、简约的设计、质朴的形象，这是"缬韵"文创的定位，也是其市场卖点所在。但是，有卖点不等于有市场，设想与现实之间还隔着很大的一段距离。

如何跨越这一鸿沟呢？叶其丹及其团队决定全线出击，规划并开拓属于自己的市场和品牌。

三

在知名书法家萧耘春的书法作品——"乡愁"前面，我一边喝着茶，一边欣赏着"缬韵"系列文创品。旁边是现任苍南县史志办主任黄志林在给叶其丹拍照，叶其丹在摆弄着颊缬的具体操作，有板有眼的。担任过苍南县文联主席、爱

好摄影的黄志林拍得十分投入,看不出,叶其丹真的还是有一定的工艺技术功底的。

"缬韵"系列文创产品,在苍南、在温州还是有一定知名度的,当地文化界的人物常常会过来捧场。刚刚早上,温州市研究民间艺术的专家杨思好先生就送来了他自己编写出版的《温州蓝颊缬技艺》一书。苍南籍的中国证监会主席易会满先生这次国庆回乡也抽空前来指导,在琳琅满目的"缬韵"文创品面前久久不愿离去。

从叶其丹口中得知:一方面,"缬韵"系列文创品不断去参加国内各种展览展销活动,以提高知名度、美誉度和影响力;另一方面,也在全国建立起数十家固定的销售门店,进行广泛推销,门面店还在扩大。同时,也在网上微店经营;三是"缬韵"系列文创品涵盖了很多方面的产品、功用,覆盖面比较广。

他给我展示了一款某市委宣传部定制的送给记者的礼品:一个包装盒里面有两个茶叶罐,茶叶罐的盖上打着颊缬的文创图标,包装盒里面还放着一个U盘,给记者存稿件之用,考虑得挺周到的。

四

文创、文创,不仅要有文化,还要有创意。简单复制文化符号,而没有贴近时代、贴近生活、贴近群众,文创往往会脱离市场、脱离主流、脱离价值。叶其丹直言,这么多年来很努力做"缬韵"文创,限于市场竞争激烈,赚钱效应不太明显。他自己带了一个十几个人的专业团队,走南闯北,跨地跨界,巨大的开支费用,让事业的开拓变得有点步履蹒跚。

市场现实让"缬韵"文创陷入了沉思。有业内人士指出:如果是靠着颊缬这一非物质文化遗产的名气吃饭,这就有点悬了,因为对颊缬的认知、认同还只在于一小部分的文化人,普通老百姓还是比较陌生的。依靠颊缬开发的文创,它的价值导向究竟在哪里?好像也不是十分清晰,是崇尚复古?还是崇尚自然?另外,"缬韵"系列文创,定位在哪个群体,是普通大众,还是特定对象?均不太明确细分,这势必给产品开发、市场营销带来不确定性和操作难度。好在叶其丹还有一块产业可以支撑,这就是设计室和微电影。

现代产业越来越细分,越来越强调越量身定制,这是产业发展的趋势,也是社会进步的要求。做产业必须适应这一趋势而不能违背,每一个人只能做其中的一部分而不是全部。有的时候做得越精越细,往往反而越有市场,而大路货的东西,恰恰被市场边缘化了。

另外,在走向全国市场的时候,先要耕耘好非遗文化所在区域的市场,形成一定的模式后再出发,显得更为从容不迫、更有发展底气。比如,可以借鉴苏州园林文化嫁接苏州市内公交亭的创意,也让温州的一个个公交亭成为非遗文化的展示宣传推介的主阵地,政府推崇、城市品位、个人利益都能得到兼具,岂不美哉!

"缬韵"系列文创,未来应该把握趋势,在细分领域发力,找准属于自己的定位所在、价值所在。如有可能,考虑对接资本,借力开拓属于自己的一片市场天地。

2019 年 10 月

第三辑 关于区域内乡镇、村居、企业和人物

梦江南农庄，看得见的未来

一

休闲农庄，看上去很美，听起来很雅，但做起来不易。"梦江南"大型休闲农庄，位于温州市龙港镇芦浦社区，占地300多亩，九位股东筹资3000多万元，于5年前建成并投入使用，1个小时车程之内辐射周边将近200万人口，日接待能力可以达到千人，三条机动车道路从三个不同方向直达农庄，离甬台温高速复线出口不到10分钟，交通不可谓不方便。农庄内有儿童游乐设施、花海、休闲长廊、采摘果园等。可是，经营至今连年亏损，几近关门。

其实，这些年随着工商资本的介入，各地休闲农庄如雨后春笋般冒出，这些农庄主要内容几乎都是看花海、摘鲜果、吃烧烤、走曲径等，千篇一律的旅游休闲主题，一阵风之后，游客便审美疲劳，不会第二次再来，农庄留不住回头客。

问题出在哪里呢？问题就出在内容，也就是IP。休闲农庄其实也是一种文化，文化重在内容，没有了内容的农庄就会短命，就会夭折，这是一条铁律。一时的噱头，可以过一时，但过不了长久。

二

站在"梦江南"长长的游步道上，一阵凉风吹来，撩开了股东之一林先生的头发。林先生很后悔自己当时没有好好研究市场就参股其中，因为农业

是靠天吃饭的项目，农庄是靠人吃饭的项目，结果天公不支持，民众也不买单。现在，他看不到何时能够解套，并坦言自己在这个项目上不会翻身。缺乏内容，缺乏吸引游客的内容，他也清楚。但问题是，什么内容能够吸引游客？到底要吸引哪些游客？另外，这些能够吸引游客的内容究竟需要再投入多少？

他不清楚，也不想搞清楚，因为这些年的亏损让他怕了。多年来，农业项目投入存在一些误区：一个是一些投资者盲目地想从政府那里拿到补贴，结果事与愿违；另一个，以为大型农庄就会吸引人，就会招揽生意，结果事与愿违；再一个，一些投资人在农庄里面做起了餐饮生意，以为会红火，结果也事与愿违。投资农庄，是一种市场行为，需要这一项目本身有市场，有足够大的市场。同时，也要核算成本，精细管理，只有这样才盈利。

三

虽然，"梦江南"农庄没有什么生意，但是前来商谈合作的人还是络绎不绝。有的想租里面的一块地用于搞一个特色项目，有的想暂时借助场地开展临时性活动。但是，这些举措都无法给"梦江南"的命运带来根本性改变。有人建议，引进"野趣童年"这一文化品牌，试试如何？

"野趣童年"是80后海归崔硕创立的亲子农场文化品牌。目前，在全国各地建了几十个"野趣童年"的农场，经营均十分成功。它引进美国自然教育理念，基于中国国情及基于农场开展的儿童自然教育课程体系，开办自然学校，成立联盟开展游学活动，为找不到经营模式的农场引入客源。

"野趣童年"，专业为2—12周岁儿童打造户外乡村农乐园，提供创意活动、农事体验、主题游览、科普战略、农趣DIY、自然课堂等项目及亲子民宿和餐饮配套。

崔硕认为，自然教育不是可有可无的课外活动，而是学校教育和家庭教育的重要组成部分，孩子们在自然中观察探索，宁静和喜悦对他们的成长是不可或缺的，只要适当引导，每个孩子都能在自然中得到潜能释放。

"野趣童年"若与"梦江南"农庄嫁接，通过精心的设置课程和精准的政策

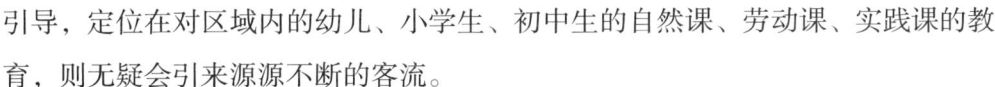

引导,定位在对区域内的幼儿、小学生、初中生的自然课、劳动课、实践课的教育,则无疑会引来源源不断的客流。

一旦客流活起来,一切就会活起来。

四

2018年7月,浙江省教育厅等10个部门出台了《关于推进中小学生研学旅行的实施意见》,这是一个标志性的举措,标志着政府、学校开始重视对学生的课外体验教育。

显然,"野趣童年"的教育课程开发设计与政府提倡实施的课外学习、研学活动方向目标完全一致。

"梦江南"农庄可以通过以下思路,实现这一项目的最佳落地:一是在"梦江南"农庄挂上大自然学校的牌子,使它成为一所名正言顺的与正常课堂教育相匹配的课外教育学校或培训基地;二是用众筹的办法,让区域内的部分教育机构参与投资或者成为预付费的会员,两者建立更加紧密的联系,以保证学生客流,也让投资方降低投资压力风险;三是争取请当地教育局派驻一位资深干部作为该农庄所在村的指导员,帮助指导"梦江南"农庄引进"野趣童年"品牌项目的营运与协调,发挥其教育功能,同时也能实现盈利。

在品牌、资金、管理都不是问题的前提下,最大的问题或者风险在哪里呢?无疑就是教育理念。温州市也好、苍南县也好、龙港镇也好,现在对孩子的教育,应试的味道十分浓厚,素质的味道还在提高,野趣在他们看来不一定有趣。还有一个风险就是安全责任。除了严格的安全措施外,教师中存在的"宁可多一事不如少一事的观念"也要摒弃,这也是教育理念的改变。

算一下账目。"梦江南"农庄一个小时交通圈内,有25万左右的初中、小学、幼儿园的孩子,每个孩子一年就算有2次的课外学习、2次研学,从理论上讲,一年下来就有100万人次的客流。目前苍南县境内还没有这样品牌的大自然学校可供课外学习或春秋研学,就算只有四分之一的人次来到这所学校,也有25万人次。按照每人一次消费 50 元计算，即产生 1250 万元的年消费金额，从中可以产生 500 万元以上的年利润。另外，还可以带动学生以外的社会客流的进入，这也是一笔很大的收入。

"野趣童年"，品牌内容、专业 IP，可能就是实现梦想的路径。

2019 年 7 月

金乡徽章，饮誉全球的智慧文创

一

陈加枢，苍南县金乡徽章厂的厂长。现在这个年代，企业负责人还叫厂长的比较少见了，陈加枢就是其中一位。

38年一晃而过。苍南县金乡徽章厂在风云变幻的市场环境中，始终保持战略定力，一心一意做好主业、做好实体经济、做好制造业。一步一个脚印，从一个小厂变成了全球知名的徽章设计制造销售企业，"徽章联合国、徽章大王"等荣誉加冕其身。新时期，金乡徽章更是成为"中国创造"的代名词，全球100多种军队徽章及服饰标识、中国共产党9000多万党员胸前的党徽都来自这里。

尽管如此，陈加枢从来没有想过把自己的"苍南县金乡徽章厂"的名字改成"温州市金乡徽章厂（或有限公司）"或"浙江省金乡徽章厂（或有限公司）"。

这种执着，可能就是苍南县金乡企业家身上的一种普遍特质。在浙江省苍南县，业内人士公认的是，只有该县金乡镇的企业家是最注重做实体经济的，所以，在宏观经济内外环境发生剧烈变化的背景下，金乡企业相对而言受损是最小的、抗压能力是最强的。

二

企业家身上的这种普遍特质，与所在地深厚的历史文化底蕴分不开。

金乡镇位居浙江之南、东海之滨，面积52平方公里，人口7.6万，是浙江省历史文化名镇。公元1387年，明朝信国公汤和在这里设置抗倭卫城，戚继光、郑成功等历史名人曾经来到过这里，留下诸多历史遗存、文化遗迹、美丽传说。这里人杰地灵、文化灿烂、经济发达，走出了殷汝骊、殷一璀、王均瑶、王均金、黄伟等一批知名人物。

不到50年前，方圆十多公里长的金乡卫城依然保存完好，城内建筑布局"一亭二阁三牌坊四门五所六庵堂七井八巷九顶桥十字街口大仓桥"，护城河环绕其外，波光粼粼，绿树成荫，蔚为壮观。自改革开放以来，地方政府为了发展经济，拆掉了宝贵的城墙，办起了许许多多的企业和市场，经济发展起来了，城墙却不在了。如今富裕起来的金乡人对此伤感不已，如果当初没有拆掉，再加以发展，现在的金乡不亚于横店影视城，当地不乏这样的论调。

当然，历史没有如果，历史只有不断滚滚向前发展。虽然金乡卫的城墙不在了，但是金乡人的文化底蕴、基因里的创业创新精神没有泯灭，恰恰相反，在改革开放、市场经济的春风吹拂下显示出勃勃生机。

三

20世纪80年代初，金乡一度风光无限，成为"温州模式"的重要发祥地之一。

那个时候,"中国农民第一城"的龙港还没有诞生。金乡的"四小商品"就已经风靡华夏大地,成为这座历史文化名镇对外宣传展示形象的金名片,也是著名学者费孝通考察并评价温州"小商品、大市场"的实践根源所系。这"四小商品"分别是:铝质徽标、硬塑料片、塑料红膜和涤纶商标,其中铝制徽标就是金乡徽章,位居"四小商品"之首。另外,勤劳智慧的金乡人还创造出多个全国第一的改革举措,包括:

金乡信用社率先推出实行"浮动利率"制度;

金乡企业率先实行"挂户经营"模式;

金乡人王均瑶第一个私人承包"长沙至温州"的飞机航线,号称"胆大包天";

金乡人包郑照起诉浙江省苍南县人民政府,法院公开审理,成为中国第一例民告官案例而载入史册;

金乡人叶文贵第一个制造出电动汽车。

……

华夏大地,春潮荡漾。

什么样的时代就会孕育出什么样的故事。和许许多多的金乡人一样,刚刚从铁道文艺兵退伍回来的有志青年陈加枢,心中憋足了一股创业创新的劲,一头扎进了商品经济的大潮之中,于1983年办起苍南县金乡徽章厂。可能他自己也没有想到,这次坚毅的开头,会给他带来如此出彩的人生。

四

1986年9月23日,对于陈加枢来说,是一个值得永生铭记的日子。

站在上海黄浦江边,眺望这波澜不兴的宽阔江面,岸边高楼林立、灯火璀璨,国际大都市的繁华扑面而来,一群群讲着流利英文的不同肤色的年轻人从身边悠然而过……眼前这一切,让这位乡下来的年轻人顿时相形见绌。

但是,命运的改变往往就在一念之间。在部队练就的一身刚毅品质和这几年苍南县金乡徽章厂业务稳步发展的自豪,让他决心要一闯这片神奇的上海滩。

龙港设市 与 区域高质量发展。

陈加枢和他的小伙伴们，带着300多个样式的徽章产品，在上海滩摆下了"擂台"——在外滩的如意酒家举办了一场产品观摩会，公开向国内徽章行业的大厂叫板：一比质量，二比价格，三比信誉，四比速度。时任温州市副市长马云博欣然为之题词赞誉"敢同大厂比高低，再向品牌争寸分"，上海电视台连续五次播放这一"擂台"实况。

这一仗，陈加枢看得很准，打得很响。随即，甬、沪、杭等地及国外500多位客商闻风而动、纷至沓来，一些客商挤破门槛要求当场订货，要求签订长期供货合同。从此，金乡徽章声名鹊起，引起了国内外的广泛关注。

五

20世纪90年代，一则消息激动人心：美国海军陆战队的徽章由苍南县金乡徽章厂生产。顿时，引发了阵阵尖叫：一枚小小的徽章，有什么奥妙，竟然能让美国军方青睐呢？

记得小时候读书上学，胸前总别着一枚长方形的校徽，脸上露出一股自豪。白底红字，打上某某某中心学校几个字，这就是徽章留下的最初印象。据说，当初制作一枚徽章，要经过熔铝、轧铝、写字、刻模、冲件、磨边、氧化、点漆、充针、包装等10道工序。各家各户，男人打锤熔铝，女人磨边点漆。

但是，38年来陈加枢带着他的研发设计制造团队，与时俱进、精益求精、匠心独具，不断推动技术升级、功能拓宽、服务跟进、文化赋能。徽章已经不是原来的徽章，而是成了承载着许许多多内容或故事的有意义、有追求、有价值的文化创意产品，甚至是收藏品、奢侈品。从印象中的校徽，演变成军徽、党徽、服饰标识、纪念章、纪念币、纪念品……从小到大、从国内到国外、从"中国制造"变成了"中国创造"。翻开苍南县金乡徽章厂的履历，发现如下长长的成绩单：

1990年第十一届亚洲运动会开幕式纪念章；

1990年东亚运动会纪念章及奖章、纪念品；

1991年以来先后为联合国维和部队以及美国、英国、俄罗斯、日本、沙特、阿根廷、老挝等许多国家的军警界设计生产了100多个样式的徽章、服饰标识；

1994年美国世界杯足球赛纪念章；

1996年全国残运会纪念章、纪念币；

1997年驻港部队服饰徽章及标识；

1999年驻澳部队服饰徽章及标识；

2002年韩日世界杯足球赛纪念章；

2003年以来一直为中国人民解放军试制部队服饰标识，并被解放军原总后勤部研究所授牌为"科研实验基地"；先后被国家海关总署、国家工商总局、国家进出口检验检疫局、铁道部、卫计委、司法部、环保部、最高人民法院等单位确定为服饰徽章生产厂家；

2004年雅典奥运会纪念章；

2008年北京奥运会纪念章；

2012年被中共中央组织部指定为全国生产党员徽章的企业。

……

各位，一家蜗居乡下僻壤的民营企业，一位退伍回来的企业家，能够取得如此辉煌的成绩，这背后隐藏着的又是什么呢？

六

一种产品，与世界这么多的军队与警察结缘，让他们时时刻刻戴着、看着，并想着自己身上这一份沉甸甸的保家卫国之重任；让世界第一大党——中国共产党9000多万党员时时刻刻别在胸前，亮明身份，践行全心全意为人民服务的誓言；让世界最高级别的运动会——奥运会、足球世界杯为之反复轻松敲开大门，接纳并认同其产品服务、文化价值。这一切，让苍南县金乡徽章厂和陈加枢做到了，这是徽章文化的力量，这是徽章文化崛起带来的颠覆。

徽章文化究竟是什么？38年间，坚持心无旁骛做徽章这一主业，做到了极致，做到了行业冠军，成为"中国创造"的代名词，号称"徽章联合国、徽章大王"。无疑，"主业、极致、为国争光"，这就是徽章文化的关键词。600多年前，金乡卫的设立,从全国各地选调了一批包括戚继光在内的顶级精英,集聚在金乡卫,日夜训练,精心谋划,抗击倭寇,卫我中华。这一段光辉历史,至今细思起来,不也正是践行"主业、极致、为国争光"这一核心价值观吗?徽章文化的崛起,再次验证了金乡深厚历史文化底蕴的强大生命力和历史穿透力。

在苍南县金乡徽章厂的徽章博物馆里,爱好收藏的陈加枢多年来一直不遗余力地集满了各式各样世界各地的徽章和服饰标识,是名副其实的"徽章联合国"。

徜徉在一排排的各级领导人视察题词照片前,笔者一直在思考,凝结在这枚小小徽章上的是反映世界不同地区、不同行业、不同种族、不同信仰、不同价值观的不同文化元素,却能够在这一片小小的尺寸里得以传递、得以交融、得以碰撞,这是一道怎样的文化奇观?五千年的中华智慧能够以"和而不同"方式,把世界不同文明糅合在一起,实现了和平相处、合作共赢,这难道不正是美国学者弗朗西斯·福山的"历史终结论"失败之后人类孜孜以求的目标吗?从这个意义上讲,金乡徽章或许已经成为新时期"中国创造"走向世界,并倡议"一带一路"、传播"人类命运共同体"理念的一位特殊东方文化使者。

七

2020年6月的一天,当笔者再次采访陈加枢的时候。他微笑地告诉笔者,苍南县人民政府已经批复同意他提出建设徽章博物馆的请求,一期给予30亩用地指标,地址就选择在苍南县金乡镇西门沿龙金大道西侧,与苍南县金乡徽章厂相距不到100米。

在陈加枢的大脑里,金乡徽章当然是文化产业,只有做文化产业,企业才能持久,才能具有顽强的生命力,这是他多年来之所以一直坚持爱好收藏各种各样的徽章、标识以及其他艺术品并且一直提出创办徽章博物馆的初衷。今年65岁的他,原是部队舞蹈演员出身,至今依然保持着挺拔的身材、俊朗的外形,再加上时尚的服饰、良好的保养,让人感到一股勃勃的文化气息。

一家民营企业,凭借一己之力,投巨资建设一座世界级徽章主题博物馆,除了为地方、为国家文化建设做出贡献之外,会给企业带来怎样的经济效益呢?

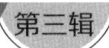 第三辑 关于区域内乡镇、村居、企业和人物

陈加枢显然有完整的思路。他的目标就是要通过未来10年左右的努力，打造"金乡徽章文化产业园"，或者叫"金乡徽章小镇"，包括三个方面的产业板块：一是苍南县金乡徽章厂；二是中国（金乡）徽章博物馆；三是世界徽章文化与产业发展高峰论坛。而目前准备建设的中国（金乡）徽章博物馆就是其中的产业板块之一。未来不排除引进战略合作伙伴，以资本运营为纽带，争取在国内外资本市场上市。

"小商品、大市场"，重温费孝通的名言，深深感到温州确实是一个神奇的地方，一枚小小的徽章，短短38年间会演绎出如此精彩美丽的故事。无疑，徽章的背后是文化、是人，更是智慧。

2020年6月

龙港设市 与 区域高质量发展

画家李贺印象

一

与青年画家李贺认识，实属偶然。2019年温州异地商会集聚温州市开第十六届年会，李贺作为陕西省温州商会的常务副会长，也随团来到了温州。陕西省温州商会吴联配会长是我的朋友，顺便也就认识了李贺。

今年8月，我在陕西省温州商会办公所在地，看到了会客室、会议室、餐厅的墙上挂了许多幅很有风格特点的画作，深觉好奇，一打听，才知道画家叫李贺，其出生地原来是自己曾经工作过的地方——浙江省苍南县钱库镇括山社区岭脚村。这次画家回来，还为世界温州人家园的陕西省温州商会办公室专门量身定制画了一幅以三秦风光为主题的画，让办公室添色不少。

虽然打开百度，跳出来的李贺，全是唐朝诗人李贺，但是画家李贺的名气也不小。1976年出生的李贺，早年毕业于中国美术学院，后入日本筑波大学学习古建筑设计及工艺图案。现为中国美术家协会会员、中国书法家协会会员、国家一级美术师、一级雕刻师、国际居家风水创意导师、国家风水学专家，先后出版《工笔花鸟技法》《工笔花卉白素描》《李贺佛

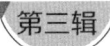

像册页》等著作。目前,在北京、河南、陕西、广东、海南等地创设立自己的多个艺术馆,同时,受聘于多家国际顶级设计策划机构,担任高级顾问。

"哎,江南垟,江南垟,繁华水乡;江南垟,江蟹蛏子圆盘菜菠薐汤;鱼生虾蟣番薯糜;炒米蒸糕麻糍糖。"在其诸多画作中,一幅以故乡苍南县江南垟钱库地方民俗文化为主题的画作,道出了一位长期旅居在外奋斗创业的游子不忘初心、情系桑梓的心声。

所以,这次李贺回来,带着两个愿望:一是向温州市领导申请,希望在家乡建设一座个人艺术院,把自己多年创作的书画作品及收藏的艺术品贡献给家乡;二是帮助自己的老家——岭脚村,做点力所能及的事情。

二

我在文联工作过,见过很多艺术家。一些男性艺术家为了体现出自己独特的风格,刻意留长发、蓄长须,穿与众不同的服饰,在外形上彰显出很"艺术"的个性,走在街上,让人一眼就认出这是艺术家。但是,李贺却完全不一样,一脸清秀,一身规范,倒像一名公务员。这次温州市开异地商会年会,组织各地商会"不忘初心"大合唱团演出,陕西省温州商会也组织了一个演唱团参加演出,李贺便是其中一员。清一色的服饰装束,有板有眼的演唱,慷慨激昂的自若神态,画家成了一名普通小伙伴式的文艺青年。

在温州威士汀酒店等到晚上9点半,大合唱演出才结束,然后一起吃饭喝酒到次日凌晨3点,回到酒店两个人没有睡,一直相谈甚欢到天亮。李贺告诉我,原来他也曾经一度留长发、蓄胡须,显得很另类。后来他的导师告诉他,一流的艺术明星,不会去做这些,只有三四流的艺术家才会刻意这样。从此,李贺便"改头换面",与普通人一样装扮。所谓大隐隐于市,也许可以从这里读出禅意。

早上起来,画家执意要送我一幅画,我觉得贵重,不敢收下。便问道:你现在的画作,市场价格大概是多少?他答道:大概在2万5千元至3万元左右一平方尺。我一听,觉得很真实。不像有些画家,水平名气不怎么样,一开口就是几千万元一幅,把人都吓住。

三

从温州市区驱车，中间在苍南县藻溪镇的卢成希奇石馆稍做停留，便一路直奔到画家的老家——苍南县钱库镇括山社区岭脚村。早早在此等候的是苍南县钱库镇委副书记黄昌尧、统战委员谢剑南和岭脚村支部陈书记等人。

岭脚村曾经是江南垟十分繁荣的一个地方。早在 30 多年前，从苍南县南港片区来到江南垟片区，必经岭脚岭，再从岭脚村下水乘船转运至江南垟各地，因此，岭脚村就成了连接两地的交通要塞。人来客往，物物交换，街上十分热闹，生意十分红火，一度岭脚街还被誉为江南垟片区的"两条半街"之一。

30 多年过去了，随着市场经济的发展，农村人口大规模向集镇集聚，岭脚街也随之衰落了，变得渺无人烟。破旧的街道、古老的房子、寂寥的河流，都静静地躺在了历史的记忆里，也没有人去挖掘整理曾经的辉煌与繁华。

现在，沈海高速复线和一条即将动工建设的国道穿过了岭脚村，给岭脚村带来些许发展机会，再借助当下"乡村振兴"战略实施的机遇，当地的镇村干部开始谋划建设岭脚村。先后建起了一座三层的文化客厅、一条 50 多米长的文化走廊以及文化舞台、停车场、游步道等设施，大有把岭脚村建设成为一个体现江南垟农耕文化特色的宜居宜游的新农村的趋势。这下，画家找到了自己的优势发挥所在，把这个文化客厅画成了自己的个人艺术馆，一幅幅现场创作的画作再现了岭脚村老街历史风貌，也画出了自己对家乡无限眷恋的深厚情感，此刻，画家的心与家乡的情紧紧贴在了一起。画家、文化客厅、江南垟水乡农耕文化，成为塑造岭脚村文化底蕴的核心三要素。在创作内容的把握上，我建议要体现三个关键点：岭脚岭、岭脚街、岭脚船埠头，这三个元素都是当年岭脚村实现辉煌的关键词，画家点头称是。

四

这些年，画家一直在外面发展，取得了些许的成就，手头也积累了很多艺术资源，虽然在外地有很多属于自己个人的艺术馆，但是唯独家乡没有，是一大遗憾。去年，温州市领导视察陕西省温州商会时，碰到了李贺，李贺便提出了想在温州设立自己个人艺术院的愿望，希望把自己的作品及收藏品贡献给家乡，为家乡做一点贡献，这一愿望得到了温州市领导的支持。所以，这次开年会回来，画家提出了具体的建设实施方案，想把这一愿望尽快落到实处。

温州人尤其是在外的温州人，这些年的经济发展成就有目共睹，蜚声海内外。但是，无可置疑，温州的文化艺术事业发展缓慢，文化艺术人才尤其是高端文化艺术人才十分缺乏，这制约了温州未来的高质量发展。前些年，温州出了个蒋胜男，写了一部《芈月传》，拍成了80多集电视连续剧在央视一套热播，创下了温州人的文艺创作多个第一的纪录，蒋胜男也因此成了温州文化艺术界的代表性人物。温州市委、市政府为此专门创设了"墨客工坊"这一艺术创作发展空间，为像蒋胜男这样的文艺人才提供好的发展环境。后来，杭州市更是在滨江白马湖建成了"中国网络作家村"，吸引唐家三少、我吃西红柿等一批国内顶级网络作家入驻，蒋胜男也进入其中。可见，各地的发展竞争，不仅在争好的产业项目，还在争好的文化艺术人才。

前些时间，浙江省龙港市刚刚挂牌设立，龙港市籍的旅居天津的知名画家韩必省就在家乡龙港市体育馆举办个人画展，这是龙港市设立后第一位旅居在外的知名艺术家在家乡举办画展，受到家乡人民的热烈欢迎，画展十分成功。龙港市还有一位著名书法家叫谢云，虽已90多岁高龄，却也一直关注家乡的发展。所以，这些旅外的文化艺术大师，其为家乡发展的拳拳之心、不懈情怀，正是温州今后实现高质量发展的不竭动力之一，温州应该敞开胸怀迎接他们，为他们的回归创造更好的条件。期待不久的将来，能够看到"温州·李贺艺术院"顺利开工建设。

2019年10月

龙港设市 与 区域高质量发展

弘一体,不仅仅只是书法①

一

潮起潮落,云卷云舒;

日出而作,日落而息。

大渔湾,一块美丽而又神奇的地方。

这是温州苍南县168公里黄金海岸线中极不寻常的一段,湾区内包镶有大渔镇、龙沙乡、赤溪镇等多个乡镇。湾区居中处的海平面上,一个面积约2000多亩的官山岛成为过往船只标志性的导航"灯塔"。

这里不仅生态优美,而且人才辈出。最著名的就是王均瑶,"胆大包天"的人物就出生在这里。现在的均瑶集团发展得十分出色,已经成为中国知名民营企业。这里还出了一位中将,官至原兰州军区副政委。另外,副县级以上的干部就更不知道出了多少位。

没有人能讲清楚这里的风水,总之,沾了这片土地的福缘,会有异样的

---

① 从温州大渔湾走出来的林华能,一头扎进了弘一的世界。20多年如一日孜孜不倦研究弘一大师和其书法,在业内引起了不小的震动。他的弘一体书法,与弘一大师原作相似度极高,不仅在国内还漂洋过海,成为竞相收藏的佳作。

第三辑 关于区域内乡镇、村居、企业和人物

体验。

　　林华能，这位普普通通的年轻人从这里起步。和其他懵懂少年一样，读书、经商、办厂，从大渔到金乡再到龙港，一步一步走近自己的人生目标。

　　什么目标？林华能也不清楚。最初的想法就是：背上行囊离开农村，去金乡、龙港等集镇上买房置业，过上好一点的日子。

　　这一想法是普世价值。

二

　　长亭外，古道边，芳草碧连天。晚风拂柳笛声残，夕阳山外山……

　　近代中国，横空出世、才华横溢的李叔同，在人生最精彩的时刻遁入空门，变成了弘一法师。这位一生不甘平庸、不断创造奇迹的高僧，可能没有想到，在圆寂后不到百年时间里，会有这么大的影响力，会有这么多的粉丝，会有这么多的组织为他自发而设，空前绝后。为什么？有一千个理由可以解释，只有一个是

准确的，那就是他在僧、俗两界不遗余力、身体力行地弘扬普世价值。

普世价值，让李叔同活出了弘一范。

林华能最初办的印刷厂，常常印一些寺庙的经书，销往全国各地的寺庙。也因此结缘了一大批僧人和信众，见面不是师兄就是师姐，但还不知道这位弘一法师。一次偶然的机会在电视上看到了他的生平事迹，如触电般的感觉，被他大海一般的情怀所深深折服。

因为折服，所以专注。在印制经书的过程中，林华能注意到了弘一法师抄写的经文。自幼有书法功底的他，一眼看出了什么：这是一种独特的文化信号，这是一股入心入肺的人间暖流。洁净空疏，端庄古雅，一丝不苟。没有烟火气，没有刀斧痕迹，不显山不露水，以平民布衣泯迹于丛林之中。弘一体书法、文化、精神，随着时间的推移，在他脑海渐渐沉淀下来，形成了固化的价值观。

走进弘一的世界，成了他的人生追求。

三

2009年的春夏之交，泉州市陈珍珍大居士家中。

林华能不紧不慢地叩响了门铃，带着自己编写的一箱《弘一大师墨宝经文集》，拜访了她。需要说明的是，这箱子是用紫檀木做的，里面小心翼翼地装了20多本经书，其中的每一本经书的书名都是请国内高僧大德沐手敬题，包括：一诚、传印、丰一吟。

这位陈珍珍大居士不是一般的人。

当年14岁还是一位初中女生时，偶然间有幸见了弘一法师一面，就下定决心一生追随弘一法师，而没有结婚，如今已是100来岁的奶奶级人物了。泉州的开元寺是弘一法师圆寂的地方，泉州也就成了国内研究弘一法师最权威、最神圣的地方，而她又成了泉州弘一法师研究会的会长，成了《弘一大师全集》的主编。家里还保存有全国政协副主席、中国佛教协会会长赵朴初写给她的8封信。

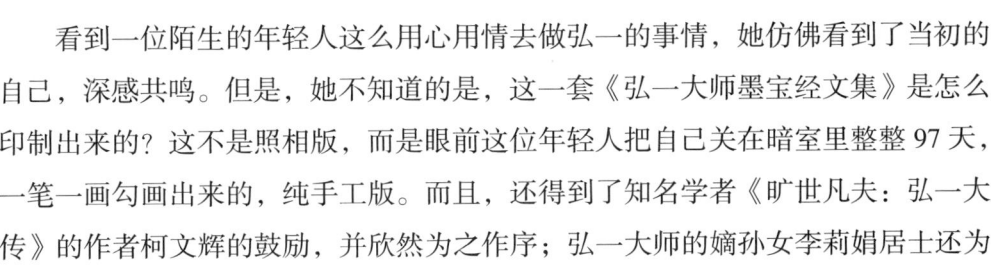

看到一位陌生的年轻人这么用心用情去做弘一的事情,她仿佛看到了当初的自己,深感共鸣。但是,她不知道的是,这一套《弘一大师墨宝经文集》是怎么印制出来的?这不是照相版,而是眼前这位年轻人把自己关在暗室里整整97天,一笔一画勾画出来的,纯手工版。而且,还得到了知名学者《旷世凡夫:弘一大传》的作者柯文辉的鼓励,并欣然为之作序;弘一大师的嫡孙女李莉娟居士还为该书题词。

此时的林华能已经把弘一法师的书法研究得十分透彻,弘一法师在不同时期的诸多书法作品的神韵、技法,都烂熟于心,形诸笔端,逐渐形成了自己的独到见解。

四

夏丏尊说过:弘一法师做事情,做一件像一件,做一件成一件。

是啊!这是浮躁世界的一股清流,这也是弘一法师的过人之处、魅力所在。

在温州龙港镇的林华能弘一体书法工作室里,来自全国各地的访问者络绎不绝,经常是彻夜不休、灯火通明。习惯穿着一身唐装的林华能,脾气十分温和,举止十分谦逊,待客十分热情,一把拖到脖子的胡子,须须生莲,令人肃然起敬!

林华能对弘体书法的痴迷和执着,在业界引起了不小的震动。

鉴于弘一法师现存的书法作品极少,而且市场价格极高。有人向他提出:你只管创作,落款落弘一法师,包你收入不菲。但是,被林华能断然拒绝,这是在亵渎弘一法师。弘一法师的书法岂是书法?书法只是弘一精神的一个载体,一种外在形式罢了。弘一法师曾经说过:"我的字就是法,居士不必过分分别。"当然,跟这样的人讲是白费口舌。

一次偶然的机会,在福建宁德的金贝寺。一位福建霞浦的企业家信众看到了林华能写的弘一体书法作品,久久不愿离去,除了加微信、索作品外,他和他的伙伴们向林华能提出了一个请求:能否入驻他的民宿,设立林华能弘一体书法工作室,民宿免费提供一切生活创作服务。

问他为什么要邀请？他说，对林华能的弘一体书法相见恨晚、一见钟情、如沐春风，感觉是一股清流沁人心脾、酣畅淋漓。他同时解释说，没有半点想借你的影响力来提升自己民宿生意的考虑，因为这个民宿不以赢利为目的。目前，苍南县的海云寺和宁德的金贝寺也已经考虑引进林华能弘一体书法工作室。另外，浙江、上海、江苏、福建、广东的一些地方正在与林华能洽谈合作事宜。

弘一体书法在一些人眼中，应该有书法以外的东西存在。

五

2018 年是弘一法师出尘 100 周年。

全国各地都在以各种形式纪念这位旷世凡夫，缅怀他的生平故事，传承他的艺术基因。林华能一刻也没有闲着：先是以弘一法师创作的《华严集联 300 句》书法作品为蓝本，创作出了 180 多幅弘一体书法作品。这《华严集联 300 句》系列书法作品是弘一法师一生书法作品中的精华，林华能创作的这些相似度极高的弘一体作品，自然引起了人们的极大兴趣。为此，先后在温州头陀寺、常州宝相寺、苍南海云寺举办个人弘一体书法展览，以此来纪念弘一法师出尘百年，也吸引了海内外一大批业界人士的关注和褒奖，包括来自欧洲、北美洲、新加坡、中国香港、中国台湾的研究弘一法师的专家学者。

2018 年 11 月，与他的师父——福州大雪峰寺方丈广霖大和尚一起携书法作品赴日本展览，顺便去瞻仰弘一法师留学日本时的故宅旧址，一切对接准备就绪了，无奈临时接到上面通知暂时搁置。2019 年 3 月，日本前首相鸠山由纪夫率领日本佛教访问团来福州万佛寺访问，并与广霖大和尚一起为中日友好揭碑，林华能始终参与接待、陪同，为中日佛教界的友好交流做出了一份贡献。

2019 年恰逢中华人民共和国成立 70 周年和"一带一路"倡议提出 6 周年。弘一法师悲天悯人、"念佛不忘救国，救国必须念佛"的情怀，恰恰与新时代实现中华民族伟大复兴的核心价值观相一致。承载弘一精神的弘一体书法，此时就不仅仅是书法，更是精神、更是奋进的号角，有点如鲁迅所说的"是匕首，是投枪"的味道。林华能想以此为主题、契机，组织开展林华能弘一体书法全国巡展活动，让永恒的精神跨越国界，构建起命运共同体，共享人类文明之光。

在台湾佛光山交流时，一台湾友人问："你是书法家吗？"

林华能答："不是。"

友人又问："既然不是，那你的弘一体怎么写得这么好呢？台湾这里有很多书法家想写弘一体，结果作了很大的努力都写不好，最后不得不退出。"

林华能笑答："一切，缘也！"

2019年6月

龙港设市 与 区域高质量发展

安全文化建设的拓荒者[①]

1964年出生的王振芬，看上去比实际年龄要年轻很多，一副金丝眼镜下面是一股深邃的目光，这目光是他数十年在乡镇和县机关练成的一丝不苟、不落俗套的工作作风的积淀。2016年1月，他从苍南县安居工程建设指挥部指挥的任上调任苍南县安监局局长兼任县安全委员会办公室主任，开始了安全生产工作的历程。

三年时间过去了，如今苍南县的安全生产形势一年比一年好，党员干部、人民群众的安全意识一年比一年强，安全生产的基层基础一年比一年夯实。尤其是，独创的100个"安全文化示范村"建设，引起了原国家安监总局领导的关注，浙江省副省长高兴夫对此专门做出"源头治理，全社会参与共治，安全文化的建设和扎根十分重要，望苍南县积极试点抓好示范，请省安监局全面指导及时总结推广"的批示。一时间，安全文化建设的"苍南样本"不胫而走，成为全国各地竞相学习的典型。在这光鲜成绩的背后，是他在岗1000多天的时间里，始终每一天都把安全生产这一根弦牢牢拽在手中、扛在肩上、印在心里。因为他知道，没有做不好，只有没用心去做。

[①] 浙江省苍南县安监局局长王振芬，提出了以安全文化建设促进安全生产迈上新水平的工作思路，把建设"安全文化示范村"当作一项民生工程来做，有效填补了我国安全文化建设在农村长效性开展的空白。

第三辑 关于区域内乡镇、村居、企业和人物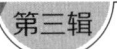

一、临危受命，兴起安全生产专项整治的高潮

2015年，苍南县发生了两起重大安全生产责任事故：一起是4月14日，矾山镇发生网架坍塌事故，造成2人死亡，48人受伤；另一起是4月17日，钱库镇发生合用场所火灾事故，造成5人死亡。死者亲人的撕心裂肺和媒体的大肆渲染，使得苍南县的安全生产工作在上级领导和老百姓心中"挂上了号"。在这样一个非常时期，王振芬于2016年1月临危受命，走马上任，摆在他面前的任务之艰巨是可想而知。

新官上任三把火。要真刀真枪地拼，就要先整顿打好基础。为此，本着对人民群众高度负责的态度，他向苍南县委、县政府建议，要痛定思痛，痛下决心，举全县之力，全面向"低小散"产业和合用场所、出租房、交通、渔业等18大行业领域的安全生产乱象开战，重点突出合用场所、交通、渔业和工矿企业事故频发的行业领域。

战斗一打就是三年。围绕安全隐患整治推出一个个"主题年"活动：2016年推出安全基础"巩固年"活动、2017年推出安全生产"提升年"活动、2018年推出主体责任"落实年"活动。

通过这三年的不懈努力，义无反顾"下猛药、割毒瘤、治顽疾"的"飓风式"排查治理行动，全县生产安全各类事故明显逐年下降，老百姓的安全感、幸福感和获得感明显增强。一组数据很说明问题：2015年全县共发生事故86起，死亡97人；2016年共发生事故46起，死亡44人；2017年的共发生事故29起、死亡30人；2018年共发生事故24起、死亡25人。

战斗还在继续，但是作为指挥官，不能只看到表面现象，更要看到背后的本质之所在。为什么会发生这两起重大安全生产责任事故？为什么下大力整治后会变化这么快？如果停止大力度整治，会不会又回到原处？如何才能使安全生产工作实现长治久安呢？这一系列问题一直在王振芬的脑海里萦绕着，思考并寻找答案。

二、探因究源,夯实安全生产基层基础

连续多年的雷厉风行的安全生产整治一系列专项行动,确实给苍南县的安全生产形势带来很大的改观,但是,安全生产形势要想彻底改观,必须从被动挨打变成主动作为,从"要我做"变成"我要做",这才是根本之策。

问题是,怎样使这些量大面广的生产经营业主、广大职工群众自觉重视安全生产工作呢? 2016 年 6 月开展的全县"安全生产宣传月"活动,王振芬受到了启发:安全文化建设才是搞好安全生产工作的基础性工作,如果将农村安全文化做好做实,安全生产的形势肯定会从根本上好起来。可是,到目前为止,国内的安全文化建设仅仅到达县这个层面,农村一线的安全文化建设还是一片空白。

那就让我来填补这一空白,王振芬说干就干。他率先在国内提出要建设"安全文化示范村"的设想,通过建设"安全文化示范村",让安全文化深深扎根农村,牢牢沉淀在老百姓的心里,成为老百姓的自觉行为,这样,安全生产工作形势必然会发生质的飞跃。

苍南县委、县政府的领导十分支持这一创造性举措。于是,王振芬抓住 2017 年 6 月温州市列入全国安全生产宣传教育"七进"试点城市的有利时机,提出了实施苍南县安全文化建设 3120 工程的工作思路,即建设 100 个安全文化示范村、10 个安全文化示范点、10 个安全文化示范企业。随即,县政府成立了安全文化建设领导小组及办公室,并召开专门会议进行部署,县财政拨出 100 万元专项经费予以支持。

轰轰烈烈动起来了。那么,"安全文化示范村"究竟怎么建呢? 王振芬从这 100 个村当中选择了 12 个村作为重点对象进行培育。其中,宜山镇的宜一村就是这 12 个重点对象之一。宜一村是全国先进基层党组织,村党委书记杨成涛是两届全国人大代表,素质优、能力强、威信高。杨成涛书记非常重视"安全文化示范村"建设,在县安监局、宜山镇的指导下,制定了"十个有"的建设目标,即有领导组织机构、工作会议制度、隐患排查制度、宣传教育制度、工作台账、办公场所、年度安全文化村创建工作计划并按计划开展安全生产工作、户外宣传栏、户外宣传广场、微型消防站,各项创建工作有条不紊地进行。另外,鉴后垟

村、仙坭船村、桃湖村、双台村、后隆村、丁埠头村、项东村、金家垟村、赤溪村、后槽村、福德湾居等 11 个村居，也根据各自的自然条件、产业特点、交通区位的差异开展各具特色的安全文化示范村居创建活动。在短短一年时间内，这些"安全文化示范村"建设结出了硕果，不但村民的安全意识大幅度提高，安全生产事故大大降低，各种安全生产制度规范、设施齐全，而且安全生产服务村级经济发展的成效更加明显，像旅游村居的福德湾居、后槽村、丁埠头村，因为安全环境、安全设施改善了，吸引了大批游客前来旅游观光，村民的收入因此大幅度增加。

"安全文化示范村"建设一炮打响，吸引了上级领导、媒体和各地同行的高度关注，国家、省、市相关部门的领导纷纷批示予以肯定。《人民日报》《中国安全生产报》《中国应急管理报》《国家安监总局网》等媒体纷纷大篇幅予以报道，一时间，各地学习取经团纷至沓来。

王振芬当然不会满足于 100 个"安全文化示范村"、10 个"安全文化示范点"、10 个"安全文化示范企业"的建设，他的目标就是要让安全文化建设在基层生根开花结果，夯实安全生产工作的基层基础，推动安全生产工作迈上新水平。而要实现这一战略目标，还要从推动安监管理改革创新入手，做安监管理改革创新的排头兵。

三、奋起创新，打出安全文化建设组合拳

什么是安全文化？"安全文化示范村建设"只是安全文化建设的一项重要内容，但不是全部。面对新形势、新任务、新要求，安全文化建设的广度深度都在进一步拓展，其中安监管理改革创新，也是安全文化建设的题中应有之义。王振芬深深知道，被管理者的安全意识、安全行为、安全价值观是安全文化，管理者的管理能力、管理机制、管理效率更是安全文化。

2016 年 12 月，党中央、国务院制定出台了《关于推进安全生产领域改革发展的意见》，为安全生产领域改革创新指明了方向。借助这一东风，王振芬在上级领导的支持下，大刀阔斧抓改革，短短时间内，安监管理改革创新工作亮点纷

呈，这也为苍南县安全文化建设注入了新的内涵。

亮点之一：成立实体化办公机构。自2015年以来，苍南县委、县政府连续三年开展安全隐患治理专项整治行动。而现有的苍南县安监局只有20来位工作人员，只够忙于平时的日常工作。为此，苍南县大胆打破常规，设立了专项整治行动工作机构，从公安、消防、安监、海洋渔业、交通运输、风景旅游、市场监管、住建等单位抽调10多名业务骨干，在县安监局实体化办公，对安全隐患专项整治实行高强度的督查、暗访、考核、问责。那么，这一实体化机构运行效果到底怎么样呢？四年来，共督查、暗访、检查1256批次，出动人员15107人次，对75名工作不力干部进行问责处理。

亮点之二：安全生产工作通过人大票决成为民生项目。2017年3月，苍南县安监局推出了"创建100个安全文化示范村、设立温州市安全生产培训考试中心苍南分中心、推广安装5000套智慧式用电"三项工作，通过了苍南县十届人大一次会议的票决，成为当年度10大惠民生工程项目之一。2018年3月，又将"农村木结构老旧房电气化改造3000户、推广安装智慧式用电2000套、安全生产免费培训3000人"三项工作，通过了苍南县十届人大二次会议的票决，成为当年度的民生实事项目。这一举措开创全国之先河，不但提高了安全生产工作的站位，推动了安全生产工作的落实，也提升了各级领导对苍南安全生产的关注。

亮点之三：引入科技安防打造"智慧安监"。2018年，苍南县安监局建成了全县统一的"智慧式用电"监测系统和"智慧安监"监管平台。率全市之先在全县16家危化品生产储存、矿山和烟花爆竹批发企业安装安全生产远程视频监控系统，实现重点领域全覆盖。同时，开展涉尘涉氨企业在线监管，按照"红、黄、绿"三色进行管理和整治，对全县194家涉尘企业中的135家显示红色的企业全部予以关闭。

亮点之四：创新教育培训提升安全意识。从2018年开始，苍南县对3000多名的企业负责人、安全管理持证人员进行免费教育培训。县安监局还与苍南电大达成"政校合作"协议，在苍南电大设立安全生产教育基地，与省安全生产培训考试中心网络对接，同步上网、监控、考核。同时，开发了网上微课堂、网上报名培训、培训合格证书到期自动提醒等培训管理技术,拓宽了培训渠道,提高了培训效能。同时,在苍南电视台开播《安全视窗》栏目,做到每月一播出,宣传安全生产知识、曝光安全生产隐患,四年来共有 350 万人次收看,成为苍南群众学习安全生产知识的重要媒介。

亮点之五:以整治出租厂房为抓手推动小微企业规范发展。面对当前厂房出租比较乱、安全隐患多的实际问题,2018 年 6 月,苍南县安委会及时制定出台了《出租厂房十条刚性管理办法》,开展出租厂房专项治理。这次治理在严厉打击违法行为的同时,坚持堵疏结合原则,按照中心镇成立登记机构,方便企业登记补办相关手续。同时,加大高标准小微园区建设力度,降低入园成本,出台一系列政策,支持小微企业进入园区,实现规范发展。

短时间内,苍南安监工作不断推陈出新,自然凝聚着王振芬的心血和智慧,在促进安全生产形势的根本性好转的同时,也大大丰富了苍南安全文化建设的内涵。从被监管者的安全自觉到监管者的安全监管创新,安全文化建设在王振芬的眼中,也在一步步扩展、一步步蘖变、一步步升华,值得期待的未来图景,仿佛正在娓娓走来。

四、描绘未来,绚丽多姿的"苍南样本"喷薄欲出

苍南是一个年轻的县,1981 年经国务院批准从原平阳县中析出建县。但是却并不简单。30 多年来,苍南县创造了许多全国第一的改革举措:第一座农民城、第一家股份合作制企业、第一次实行浮动利率、第一家私人钱庄、第一家私人包机公司,等等,成为"温州模式"的主要发祥地之一。2017 年实现国内生产总值 512 亿元,财政收入 50 多亿元,成为全国县域经济综合实力的百强县。新时代,苍南更是提出了要打造成为"浙江美丽南大门"的雄伟目标。

在这样的发展背景、发展态势下,不甘落后的苍南儿女,自然也要拼搏一番,大干一场。王振芬作为苍南儿女的代表,借助改革开放 40 周年的东风,自然有着不一样的情怀,不一样的憧憬。

为了进一步推动安全文化建设向纵深迈进,2018 年,苍南县决定在全县所

有的812个村居，按照"达标村、规范村、示范村"这三类标准全面铺开安全文化村建设。建成的安全文化达标村要做到"六个有"，即有工作机构、有会议制度、有隐患排查制度、有安全生产宣传、有工作台账、有办公场所；建成的安全文化规范村，要达到"八个有"，除了前面的"六个有"外，还要有计划落实、有户外宣传栏；建成的安全文化示范村，要达到"十个有"，除了前面的"八个有"之外，还要有安全宣传教育、有微型消防站。同时，建立安全文化村建设动态升降制度。对于创建成为安全文化村居，县财政予以相应的奖励支持。力争通过三年努力，全县要建成12个更高水平的安全文化示范村、100个安全文化规范村、700个安全文化达标村。

在一系列成绩和表扬面前，王振芬没有沾沾自喜。相反，充分认识到苍南安全文化建设才刚刚起步，以安全文化建设促进安全生产迈上新水平，这条路子继续走下去是正确的。

在全面总结工作经验的基础上，王振芬着手考虑未来三年的苍南安全文化建设规划。在反复权衡比较之后，2017年底，正式与国家安监总局宣传教育中心签订了《苍南县安全文化建设未来三年（2018—2020）规划》的编制工作。结合苍南实际，该《规划》提出了"一个目标、六项任务、六大重点工程、三个实施步骤"的未来三年安全文化建设思路。

一个目标：就是到2020年末，全县安全文化建设取得较为明显的成效，全社会安全发展理念深入人心，具有地方特色的安全文化体系初步构建，初步形成一套可复制、可推广的安全文化建设的"苍南样本"。

六项任务：分别是努力构建安全文化体系、大力推进安全文化阵地建设、积极开展安全生产宣传教育、不断强化安全生产监督管理、进一步提高安全生产科技保障能力、建立安全文化建设评价机制。

六项重点工程：分别是重点抓好安全文化村创建工程、安全文化知识武装工程、安全文化精品创作工程、安全生产人才培养工程、安全生产隐患排查工程、安全生产信息化建设工程。

三个实施步骤：即2018年5月底前为宣传发动阶段，2018年6月至2020年8月底为组织实施阶段，2020年9月至2020年12月为总结提高阶段。

蓝图已经绘就,号角正在吹响。伴随着改革开放春风荡漾,苍南县安全文化建设的大幕正在徐徐拉开。在习近平新时代中国特色社会主义思想的指引下,"敢为人先、勇立潮头"的苍南,在王振芬带领的团队积极努力下,必将探索走出一条安全文化建设新路子。

2018 年 11 月

一位武术家的红色情怀[①]

一、一个心愿

居住温州苍南县灵溪镇的林孝桐,是一位著名的武术家。

林孝桐拥有"中国武术八段、IWDA 黑带九段"头衔,同时,又是"中国·五基法"的传人、中国武协会员、浙江省武协常务理事、温州市南拳协会副会长。63 岁的他,平时教教武术,偶尔参加一些武术比赛及社会活动,日子倒也过得惬意。

2012 年,林孝桐推动申报"雄奇拳五基法"列入温州市非物质文化遗产。在整理这一文化遗存时发现,林孝桐是"中国·五基法"的第 22 代传人,往上数 3 代,第 19 代传人则是林瑞龙烈士,按照民间的叫法,林孝桐叫林瑞龙为"老师太"。

林瑞龙烈士,1901 年出生,苍南县灵溪镇山脚李村人,自幼习武,武艺高强,人称武术大师。1927 年在龙港白沙设坛收徒,而名噪一时。1928 年参加革命,任平阳县武装赤卫队队长。面对白色恐怖,为避免殃及同门,在五基法的基

[①] 不忘初心,牢记使命。不忘谁?牢记谁?对温州而言,在中华人民共和国成立 70 周年之际,就是不忘 80 多年前的林瑞龙、叶廷鹏、吴信直、林珍等一批抛头颅、洒热血的革命先烈,牢记他们的丰功伟绩,继承他们的革命遗志。林孝桐,著名武术家、"中国·五基法"传人,因拍摄电影《雄奇拳》,带出了一段红色情怀。

础上，自创"雄奇拳"一派。与叶廷鹏（中共浙南委员会书记、中共浙南特委书记、浙南革命临时委员会主席、浙南红军游击队队长，平阳县万全迎学垟人）、林珍（黄埔军校第五期、平阳县早期农民运动和农民武装暴动领导人、中共浙南特委军事负责人，苍南县宜山四岱人）、吴信直（平阳县早期农民运动和农民武装暴动领导人、平阳县委书记，苍南县龙港海头人）等领导组织宜山庵基堂会议、武装攻打平阳城、袭击桥墩警察局、五岱山游击战等。1933年因叛徒出卖在福建石狮被捕，英勇就义。林瑞龙烈士没有后代，侄子过继续弦，党和政府给予了烈属待遇。

林瑞龙只是中华人民共和国无数革命先烈中的普通一位，随着时间的推移，早已为人们所淡忘。但在林孝桐的心里，"老师太"的高超武艺、英勇事迹、革命情怀，依然历历在目，仿佛昨天。让更多的人了解这一段历史，也了解林瑞龙及为革命而创立的"雄奇拳"的英姿，成了林孝桐多年来一直想了却的心愿。

二、一部电影

有人向林孝桐提出，了却这一心愿，最好是拍成一部电影。

拍电影？林孝桐不内行。于是，跑到杭州找到了著名编剧黄亚洲，黄亚洲说：这个题材非常好，一是红色题材，二是红色人物题材，三是红色人物题材还加上武打。黄亚洲的说法给了林孝桐信心。可是，林孝桐还是吃不准，于是，又向多年前认识的熟人——毛主席的女儿李讷请教，得到了对方肯定的答复。

拍一部电影，少则数百万多则数亿元投入，到哪里弄这么多钱？林孝桐向苍南县委宣传部、苍南县文化局的领导作了汇报，得到了他们的支持。于是，注册了一家文化传媒公司——苍南县雄奇文化传媒有限公司，作为投资方，开始"触电"。

2017年7月9日，电影《雄奇拳》在苍南县龙港镇诚大饭店开机，引来了包括CCTV-6在内的各路媒体的关注。在一千多人参加的空前规模的开机仪式上，看到了著名演员李子雄、海波的身影。一年多时间在苍南、横店等地拍摄、制作、协调，辛苦不用说，而且掏空了林孝桐的所有积蓄，还欠了一部分债。这时，林孝桐才明白，通过拍摄一部电影来了却一桩心愿，真的很不容易。让林孝桐感到欣慰的是，温州市人大常委会副主任张洪国亲自为这部电影谱写了主题歌，温州市南拳协会也通过不同方式予以支持。

目前，该电影正在横店影视城做后期的镜头补拍和技术完善，正在申请通过播映许可审查，争取在2019年7月1日中国共产党建党98周年之前与观众见面。

三、温州四家人

这部《雄奇拳》电影是真人真事真地点，里面有四位重要人物，分别是林瑞龙、叶廷鹏、林珍、吴信直。其中，林珍于1930年牺牲，吴信直于1931年牺牲，叶廷鹏于1941年牺牲。林瑞龙、林珍、吴信直是今温州苍南县人，叶廷鹏是今温州平阳县人。

2019年2月，林瑞龙、叶廷鹏、吴信直、林珍的后代齐聚林孝桐家里，观看了这部影片。90分钟的镜头再现了他们为了新中国的建立、民族的解放、人民的幸福与反动派进行了一次次浴血奋战直至付出了生命的光辉形象、革命情怀，在座的后代无不为之热泪盈眶、无不为之精神奋发、无不为之扬眉吐气！

缅怀这些先烈，宣传这些先烈，为了什么呢？就是为了贯彻落实习近平总书记的教导：不忘初心，牢记使命。

80多年过去了，在中国共产党的领导下，中国发生了翻天覆地的变化，温州发生了翻天覆地的变化。当我们看到电视剧《温州一家人》《温州两家人》当中一个个温州的有志儿女，不畏艰难险阻创业图强、奋勇逐梦之际，林瑞龙等革命先烈的身影便时时浮现在眼前，这不就是先烈们为了一个坚定的理想信念而不屈不挠奋斗不息之精神在温州大地上的传承吗？

电视剧《温州三家人》即将上演，而这部《雄奇拳》电影不就是"温州四家人"吗？没有这四家人，没有无数个这样的四家人，哪有现在一家人、两家人、三家人的辉煌和幸福呢？

从今年6月份开始，全党开展"不忘初心，牢记使命"主题教育活动。这四家革命先烈后人一致提议，恳请地方党委政府把组织观看这部《雄奇拳》红色电影作为这次主题教育活动及纪念新中国成立70周年的一项内容。

四、未来期许

一次红色"触电"，久久难忘。

武术就是武术，心愿就是心愿，电影就是电影，市场就是市场。虽然林孝桐为了却心愿，掏空了积蓄，背上了债务，卖掉了房子，但还是无怨无悔，一做到底，哪怕只有社会效益而没有经济效益。

中华人民共和国的大厦是由建筑师和一块块砖头组成，没有建筑师不行，同样，没有砖头也不行。像林瑞龙一样的人物，为了崇高的理想信念，不惜抛头颅洒热血，如今还有多少人记住他们呢？

我们都是追梦人，正朝着先烈们梦寐以求的奋斗目标前进。但是，逐梦之中，不要忘记这些人物，让他们的故事时时激励我们，激励一代代。不仅仅只拍一本电影，更要拍成电视连续剧，甚至做成红色文化产业园。不仅仅只是一位热心人的慷慨投资，更要凝聚全社会的共识和力量。

忘记过去意味着背叛，列宁这句名言讲得再恰当也不过了。不忘初心，牢记使命，不要只是一句口号，而要落实到实实在在的行动中。

2018年12月

后　记

这本书，实际上是本人带领的温州市瓯南发展研究中心一年来研究温州市南部鳌江流域发展的文章结集，有很大一部分是受托开展的课题研究、项目策划的成果，部分文章已经在"瓯南智库"微信公众号上公开发表。选择在龙港设市一周年之际结集出版，希望对龙港市乃至鳌江流域高质量发展有所裨益。

2019年龙港设市，这是浙江省乃至国家改革发展的一件大事。龙港设市后，温州南部即鳌江流域的发展迈入一个新阶段。龙港市推进新型城镇化综合改革的实践探索，必然给鳌江流域高质量发展注入新的动能。与此同时，温州市委高瞻远瞩地提出了推动"鳌江流域一体化发展"的目标。两者相得益彰，互为表里，战略战术兼顾，这是推动鳌江流域高质量发展的战略选择。伟大的实践需要伟大的理论支撑，在温州市社会科学界联合会和所在区域党委政府的支持下，温州市瓯南发展研究中心积极致力于区域高质量发展的理论研究、政策研究和实践推动，做出了自己应有的贡献。相信在不远的将来，鳌江流域高质量发展将成为温州打造我国东南沿海区域中心城市，再创"温州模式"新辉煌的重要增长极。

在本书出版之际，特此感谢为本书做出贡献的热心人士，包括：苍南县金乡徽章厂厂长陈加枢，浙福边贸水产城总经理许文树，华昊无纺布有限公司董事长林国华，知名弘一体书法家林华能等。还要感谢摄影师李甫仓、陈振旭、池长峰提供的精美照片。

限于时间和水平，资料归集和引用也是一家之言，不足之处在所难免，敬请批评指正。

林敬佑
2020 年 9 月于温州龙港市